一人でもだいじょうぶ

仕事を辞めずに介護する

おちとよこ
Ochi Toyoko

日本評論社

脱！介護離職宣言

「私たちは、仕事を辞めずに！　介護する」

一つ　働きながらの介護は、これからのスタンダードと心得る

一つ　働きながらの介護は、業務見直しの糸口と位置づける

一つ　働きながらの介護は、お互い様の社内風土を醸成する

一つ　働きながらの介護は、組織力を高めるチャンスと考える

一つ　働きながらの介護は、多様な働き方のロールモデルを目指す

一つ　働きながらの介護は、早めの情報が要

一つ　働きながらの介護は、隠さない、一人で抱えない
一つ　働きながらの介護は、専門職との協働作業
一つ　働きながらの介護は、マネジメント力を発揮する
一つ　働きながらの介護は、看取りを大切にする
一つ　働きながらの介護は、働き方改革のフロンティア

●この本が、働く人の「仕事と介護の両立バイブル」となり、
仕事と介護を当たり前に両立できる社会が、一刻も早く訪れることを願って！

プロローグ
Xデーは突然に。そのとき他の人は？

●35・42・38・45・50・48・52・44・61・41・57・65・59・26…

この暗号のような数字、何だと思われますか？　実は、これまで取材で出会った介護者のうち、介護に直面したとき、仕事をしていた人の介護スタート年齢。男女同数ぐらいを、拾い出しています。ちなみに冒頭の35歳は、私自身が両親の介護に突入した年齢です。

始まりの日のことは、今でも鮮明に覚えています。仕事が終わって、スーパーで夕飯の買い物をし、家のドアを開けたときでした。鳴り響いていた電話のベル。それが、母の入院を告げる病院からの知らせでした。「身の回りのものを持って、すぐ病院に来てくださ い。７時過ぎたら、裏口から入ってください。何度も電話したんですよ」。事務的な冷たい声が切れた後、身の回りのものって、何が必要なの？　動転して肝心なことを聞かなかった自分を責めながら、真っ先に走ったのは、ＡＴＭでした。というのも、実家は同じ市内ですが、取りに行くには遠すぎます。近くの店で手当たり次第に買った袋を両手に下げて、病院へ駆けつけました。

母は脳梗塞で倒れて入院。幸い意識は取り戻していましたが、私の顔を見るなり発した言葉は、「おむつになっちゃった」。ショックだったのでしょう。私はといえば、命が助かった母を見て、ホッとすると同時に、もう一つの不安が頭をもたげていました。

それは家に一人でいる父のこと。父は退職後すぐに発症した病気のため、そのときすでに体が不自由になっていました。その介護を担ってくれていた母が、倒れてしまったのです。その日から、一人っ子の私の両肩に、母と父の介護が、ズッシリとのしかかってきました。

それからのことは、前著『一人でもだいじょうぶ 親の介護から看取りまで』（日本評論社、二〇〇九年）に記したので省きますが、正直、「もう無理、仕事を辞めるしかない…」と、幾度思ったことでしょう。でも、そのたびに私を助けてくれたのは、情報でした。利用できる福祉制度、補助や給付、介護保険サービス、医療、介護の専門職やご近所の方、友人…。医療や介護の現場を取材してきた仕事柄、情報だけは人一倍持っていたお蔭で、働きながら、何とか母を看取り、そして父を看取り、振り返れば16年間の歳月が流れていました。私に限らず、介護に直面したパニックは、みなさん共通です。それは女性に限らず、男性もまた。

●始まりは誰もがパニック。「もう少し心の準備があったら…」

あるメーカー勤務の男性が介護に直面したのは、42歳。シングルの彼は、いつものように仕事を終えて、両親が待つ家の玄関を開けました。そのとたん、目にしたのは、何と包丁を手に持ち、彼の父親を追いかけている母の姿でした。「母さん、何してるんだ！」と、包丁を取り上げた彼に、母親はこう言ったそうです。「お父さんがお金を取ったのよ。また女に貢ぐために！」と。もちろん認知症による妄想でしたが、その形相に、彼は「もっと早く気づいてやればよかった。僕が仕事を辞めて、ついているしかないですよね」と、涙したのでした。

・48歳、通信会社・管理職の男性は、「道に迷ったお母さんを署で保護しています。すぐに迎えに来てください」。警察からの電話を職場で受けたのが、介護の始まりでした。

・52歳、出版社勤務の女性は、「お母さんが今、救急車で運ばれたから、すぐ戻ってきて」。九州の実家近くの親戚から、取材中にかかってきた電話がスタートでした。

・57歳、メーカー管理職の男性は、会議中、「あなたのお母さんから、『泥棒が入った』と、何度も110番通報をされて困っています。とにかく署まで来てください」と、警察から呼び出されたのがスタートでした。

・59歳、システム会社勤務の男性は、「お母さんは来週退院になります。手続きにいらしてください」と、郷里の病院から入院わずか5日目に受けた連絡が始まりに。

・50歳・コンサルタント会社の人事管理職の女性は、「お父さんが高速道路を歩いていて保護されました。迎えに来てください」。始まりは、出張先への電話でした。
・61歳の流通会社役員の男性の場合は、「お宅のお母様が、マンション中のドアホンを押して回るので、何とかしてください」という、マンション管理会社からの連絡。
そして、母親と2人暮らしの26歳の女性は、50代の母親から、「職場でミスが続き、会社を辞めた」と知らされたのが始まり。検査の結果は若年性認知症でした。

どなたも始まりはパニック。そして、「もう少し心の準備があったら」、「事前に情報を持っていたら…」と後悔の念を口にします。それは私も同感です。

●仕事を辞めず、家族も自分も大切にするために！

ここ数年、こうした働きながら介護に直面する人が、加速度的に増えてきました。近い将来に訪れる介護不安を抱く人もまた、急速に増加しています。では、イザと言うとき、「仕事を辞めずに、そして、かけがえのない家族も大切にするにはどうしたらいいか!?」

この本では、こうした仕事と介護に不安を抱き、悩める男女が、介護で仕事を辞めないために、知っておきたい具体的な手立て、キャリア形成への不安解消策など、「これだけ知っていれば、たとえ一人でもだいじょうぶ！」という秘訣をお伝えしていこうと思います。これまで、高齢者の介護・医療現場を30年近く取材して得た知恵や知識や情報はもとより、仕事と介護に悩んだ当事者としての苦い経験や後悔、さらに200回を超える企業での、「仕事と介護の両立セミナー」会場で、働くみなさんのお悩みを聞きながら、お伝えしてきたエッセンスを、この1冊に込めてお届けします。

（なお、本書に掲載の制度、データ等は、二〇一七年七月現在のものです）

働く人が抱える、
「10大介護不安」は、
こうすれば乗り切れる！

不安・その1　◇迫りくる介護

不安・その2　◇入院

不安・その3　◇退院

不安・その4　◇介護保険制度

不安・その5　◇介護と医療のお金

不安・その6　◇遠距離介護

不安・その7　◇親の独居

不安・その8　◇認知症介護

不安・その9　◇施設入所

不安・その10　◇家族関係

一人でもだいじょうぶ　**仕事を辞めずに介護する**

目　次

不安・その2　入院

不安・その3　退院

不安・その4　介護保険制度

不安・その5　介護と医療のお金

不安・その6　遠距離介護

不安・その7　親の独居

不安・その8　認知症介護

不安・その9　施設入所

不安・その10 家族関係

エピローグ　最期の贈り物を大切に！

脱！介護離職のツボ

【アドバイス・ボックス】

不安・その1◇迫りくる介護

「5年以内に、介護が始まりそうで不安…」、内心、あなたも不安を抱いていませんか？

●その不安、あなただけではありません！

最近、従業員への「介護調査」を行う企業が増えてきました。私も講演先の企業で、アンケート結果を拝見する機会がありますが、「5年以内に介護の可能性は？」という問いに、「不安を感じている」は、86％、84％など、80％台は珍しくなく、中には90％や92％、96％という、驚くべき数字も何社かありました。

こうした不安は、従業員の平均年齢が40歳を超え、42、43歳と、上昇するほど増加しています。日本では、一九九〇年代から始まった不況を反映し、40歳以上の社員数が突出した、アンバランスな人員構成の企業が少なくありません。

また、「現在介護中」が、10％前後もいる企業も多く、初めて知った自社の「隠れ介護者」の存在に驚き、仕事と介護の両立支援に真剣に乗り出す企業が、急速に増えています。それは大企業に限りません。人材確保に苦労している中小もまた、介護離職防止は経営の生命線。時代は刻々と変化しています。

あなたがいま感じている介護への不安は、多くの働く人たちに共通しています。そして企業にとっても、もはや看過できない事態。けっしてあなただけの不安ではないのです。介護が始まっても、引け目を感じることはありません。むしろ、仕事と介護の両立ロールモデル（模範的人物）になる意気込みで、ドンと胸を張りましょう。

脱！介護離職のツボ①

「引け目は無用、ロールモデルを目指す」

●親が75歳を過ぎると、確実に上がる介護の確率

介護不安は、つい先送りしたいのが人情というもの。講演会場でも、「介護の確率ってどれくらいあるんですか？」と聞かれることがあります。そこで私はこうお答えしています。「65歳以上の方の介護確率は、介護保険の要介護認定データを見ると、全国平均で18％前後です」。残りの8割以上は、おおむね自立していると聞いて、会場にはホッとした空気が流れます。でも「安心して退席しないでくださいね」と、私は釘を刺します。なぜなら、この数字には統計のマジックが隠れているからです。65歳以上の平均とは、65歳から、

日本で最年長の百十数歳まで、すべてをトータルした平均値。現実を知るには、もう少し年代をブロック別に、丁寧に見ていく必要があります。

その結果はというと、国の統計では、65歳から74歳までの、いわゆる前期高齢者では、介護を必要とする人の割合は、わずか数％。ところが、私は「75歳の壁」と勝手に呼んでいますが、75歳を過ぎるとその割合は一気に2ケタとなります。80～84歳では約3割、85～89歳では半数、90～94歳では7割強、そして95歳以上では8割を超えます。

親の長寿はうれしいことですが、歳を重ねれば重ねるほど、いつ誰が介護に直面してもまったく不思議のない時代に私たちは突入しているのです。団塊世代の親たちが75歳の壁を超える二〇二五年は目前。すでに各職場では、団塊ジュニアたちの介護リスクが急上昇。さらにそのあとには、ダブル、トリプルの同時介護や晩婚化で育児と介護のダブルケア、未婚率上昇で増えるシングル介護など、さらにシビアな介護予備軍が控えています。

脱！介護離職のツボ②

「危機感を先取りする」

〈リスク回避*check*①〉

あなたの介護深刻度は？

該当する項目に☑を。

□親が75歳以上

□一人っ子

□きょうだいが2人以下

□きょうだい仲が良くない

□未婚

□離婚

□親が一人暮らし

□親は遠くに住んでいる

□転勤がある

□共働き

□あなたは40歳以上

□まだ子どもが小さい

□受験生がいる

□夫婦不仲

☑が３つ以上は、心の準備を今すぐに。介護は先手必勝です。心の準備があるだけで、イザというとき違います。

●働きながら親を看る。それが当たり前の時代へ

今さら言うまでもなく、世界有数の長寿国、日本。毎年、65歳以上の人口は増え、分母となる人口は、長引く少子化ですでに減少に転じています。この長寿と少子のダブル効果で、高齢化率が急増し、担い手が不足するのが、日本の比類なき特徴。また、生産労働人口の減少で、定年延長や共働きも増加。働きながら介護に直面するリスクが加速度的に増加しています。

こうした急速な変化に、社会のインフラ整備や支援制度は追いついていません。そして、一番の盲点は、私たち自身の頭が追いついていないこと。介護に直面したとき、私たちは「突然の出来事、青天のへきれき」と狼狽しますが、急速な時代の変化、その介護リスクに気づいていなかっただけなのです。介護しながら働くことが当たり前な時代が、もうすぐそこまで来ています。

●これからは「遠距離、通い介護」が主流

「80を過ぎた母が福岡で一人暮らし」、「帯広で90歳を超えた親父が一人で頑張ってくれています」、「80代の両親が、2人だけで愛媛に。兄弟は2人とも東京です」…。離れて暮らす親の介護を心配する声を、講演会でもよく聞きます。企業の介護アンケートでも、

〈リスク回避*check*②〉

親の「介護近未来リスク」に気づいていますか？

介護には予兆があるものです。年末年始など親元に帰ったときはさりげなく観察し、以前と比べ、該当する項目に☑を。

□ニュースや出来事に関心がなくなった

□テレビなどの健康情報をうのみにする

□一人でバスや電車に乗って外出しなくなった

□食材や生活用品を自分で買いに行かなくなった

□預貯金の出し入れを頼む

□友人との行き来が減った

□椅子から立ち上がるとき何かにつかまる

□階段で手すりや壁につかまる

□ 15 分以上続けて歩くのを嫌がる

□お茶や飲み物でむせることが増えた

□口の渇きが気になる

□外出は週に 1 回以下になった

□同じことを繰り返し聞く、話す

□電話を自分で調べてかけなくなった

□趣味や楽しみをやめた

□庭が荒れてきた

□部屋が片付けられない

（次頁へ続く）

〈リスク回避*check*②〉

□探し物が増えた

□この１年間に転んだことがある

□急に痩せてきた

□半年前より硬いものが噛みにくそう

□見えにくそう、まぶしそうにする

□焼け焦げがある、火の元が不安

□不要な買い物が増えた

□雨戸や鍵、戸締りがおろそか

□生活パターンが変わってきた

□服装がだらしなくなった

□最近パートナーや親戚、友人、ペットを亡くした

□車の運転が危ない

該当が多いほど、介護リスクは秒読みに。
不安その７、その８を参考に介護予防対策を。

「親は3時間以上の遠距離に住んでいる」という割合が多くなっています。

現在、65歳以上の独居は、男性で8人に1人、女性はさらに多く5人に1人。65歳以上の夫婦だけの世帯を加えると、6割近くが、何かあれば、今でも離れている息子や娘が、通って行かなければなりません。大都市集中の経済構造が変わらない限り、働く世代の遠距離介護は、増える一方です。その具体的対策はまたあとで（104頁〜）。

夏休みや年末年始、親元を訪ねるのはとてもいいことですが、ときには予告なしで、「近くまで来たから」、「出張費節約に泊めて」なんて、突然訪ねてみましょう。以前はおしゃれな母親がだらしない恰好をしている、冷蔵庫が空っぽ、父親は昼間からお酒…。介護の兆し発見は、早いほどよしです。

脱！介護離職のツボ③

「予告なしで親を訪ねてみる」

●働きながらの介護は「分身の術」、マネジメントが鍵

あなたは、自分の会社の介護支援制度を知っていますか？　多くの企業アンケートでも、

「知らない」が圧倒的多数。そして、知らない人ほど、介護への不安は高くなっています。

介護不安がよぎったとき、まずやるべきことは、自社の介護支援制度を知ること。次に、いくら制度があっても、自分が休んで直接介護しようとは思わないこと。なぜなら、介護は育児と違って先が見えません。たとえ長期間休めたとしても、私のように16年間はフォローしてくれません。長く休めば職場に戻りにくくなります。経済的不安がストレスに拍車をかけます。仕事を辞めて介護に専念した人の後悔や共倒れという悲しい例を、これまでたくさん見てきました。声を大にして言いますが、「どうか介護離職は早まらないで」。

それに介護は最初から寝たきりになることは、稀です。素人の私たちが仕事を休んで、傍でキリキリ舞いしているより、手慣れた専門家に任せたほうが、お互いに快適というものです。これすなわち「分身の術」。そのためにも制度を活用して「快（適介）護」環境を整えるマネジメントを心がけるべし。それこそが私たちに課せられた使命と肝に銘じておきましょう。

脱！介護離職のツボ④
「分身の術で『快護』を目指す」

〈リスク回避*check*③〉

勤め先の介護支援サービスや地域で利用できる介護サービスを、いくつ知ってる？

知っているものに☑を。

□自社の介護休業期間と分割取得回数

□自社の介護休暇日数と取得単位（半日、時間など）

□自社の介護支援制度と担当セクション

□国の介護休業法（33頁）

□介護相談窓口（60頁参照）

□地域包括支援センター（67頁）

□介護サービス利用手続きの仕方（62頁）

□自治体の生活支援サービス

□配食サービス（118頁）

□移送サービス（53頁）

□地域の見守りサービス

□ボランティア紹介窓口

□認知症相談窓口（130頁）

知らない項目は、できるだけ早く確認を！

●介護休業制度は、組み合わせて活用する

国の法律では、従業員は、親など親族介護の場合、1人につき最低でも93日間、3回に分割できる休業や年間5日、対象者2人で10日の半日単位の休暇、所定外労働の免除や、仕事と介護の両立に向けた情報提供が受けられます。さらに介護休業しない期間中は、所定労働時間の短縮、フレックスタイム、始業・終業時間の繰り上げ・繰り下げ、従業員が利用する介護サービス費用の助成、その他これに準じる制度を、企業が行うこととされています。休業中の93日間は、給与の67％が雇用保険から支給されます。

加えて、先進的な企業では、介護休業は最長1年から中には3年、介護休暇は有給扱い、有休の傷病休暇の転用や有休の積み立て活用、在宅勤務やジョブリターン制度など、支援を手厚く上乗せしているところもあります。

介護休業というと、長期間休んで自分で介護すると思いがちですが、介護支援制度はあくまでも介護サービスや専門職との協働作業をマネジメントするための手段だと発想を変えることが第一。そして、介護スタート時や容態変化、看取りなどの対応に、休暇、休業、勤務時間の短縮や繰り上げ・繰り下げなどの支援内容を適時組み合わせて活用しましょう。

なお、非正規雇用でも、制度利用の申出時点に、①入社1年以上、②介護休業開始予定日から起算して93日を経過する日から6か月後までに労働契約期間が満了し、更新されな

いことが決まっていなければ対象となります。諦めないでとにかく相談を！

●働きながらの介護は、「働き方改革」を目指す

講演先の企業では、人事や労務担当者と話す機会があります。彼らが「一番困る」と語るのが、「転勤打診時に初めて介護を打ち明けられ、人事が回らなくなること」。「もう少し早く相談してくれたら…」と残念がります。かたや当事者の多くは、「介護が職場に知れると、マイナス評価になるのでは⁉」、「上司や同僚に嫌がれるのでは？」と、依然として、ぎりぎりまで一人で抱えています。でも、もうそれは時代遅れと気づくときです。

最近、企業での多様な働き方（ダイバーシティ）の推進が、国を挙げての課題になっています。私は講演でよくこう話します。「介護こそ、ダイバーシティの糸口です。なぜなら、子どもはいなくても、親のいない従業員はいません。少子・超高齢のこれからは、介護はすべての従業員に共通する問題。お互い様の社内風土がつくりやすく、多様な働き方に不可欠な業務見直や情報共有、職場環境改善の糸口として最適だからです。介護に直面したら、どうか隠さず、早めに、『助けて』と声を上げてください。それがとりもなおさず、後に続く人への多様な働き方、新しい組織づくりの財産となるのですから」と。

G７でも突出した長時間労働が指摘された日本では、働き方の見直しが急務です。少子化で、将来的には生産労働人口が４割も減ると言われ、労働の効率化は待ったなし。介護

支援をダイバーシティの視点でとらえる企業は増えています。直属の上司の頭が、もしもまだ古いなら、人事や労務、人材開発などの関係部署へも相談してみましょう。実際、介護を機に、在宅勤務や裁量労働の試行など先駆的なロールモデルとなり、成果を示している介護者もいます。介護を通して、多様な状況下で最大のパフォーマンスを可能とする、「働き方改革」を目指す。そうしたスタンスに立ちましょう。

【思い込みのヘルメットを脱ぎ捨てる】

私たちは、誰でも「思い込みのヘルメット」をかぶっています。古い思い込みは意識して捨てましょう。

◆介護を職場に持ち込むな ⇩ 仕事も介護も両立できる職場環境を目指す。
◆仕事をしながら介護するのはまわりに迷惑 ⇩ お互い様の社内風土を醸成する。
◆介護は女がするもの ⇩ すでに男女共通の問題。
◆介護は家族がやるもの ⇩ 介護は社会全体で支えるもの。介護はプロに、家族は心を支え、専門職をマネジメント。

不安・その2◇入院

「親が入院。この先どうなるか不安…」ある日突然、「入院」の知らせを受けたら？

●親の入院で働く子世代が真っ先に困ることとは？

仕事をしながらの介護は、「入院」の第一報から始まることが多いもの。その知らせを受けたら待ったなし。とにかく仕事をやりくりして、病院へ駆けつけることになります。職場の段取りも大変ですが、病院では、さらに振り回される事態が待ち受けています。

私の場合は病室に入ったとたん、看護師から母の生年月日、既往歴、持病、手術経験、処方薬、アレルギー、家系的病気、家族構成を聞かれ、入院手続き、売店での購入用品の説明…。そして最後の一言は、「明日、保険証を持ってきてください」でした。幸い私は、そのありかを父に聞くことができましたが、「困った」という人は少なくありません。

入院手続きも病院によって違います。私は母の転院先で、「入院保証金が5万円」と言われ、あわてて銀行に走った経験があります。保証人を2人と言われたこともあり、以来、親戚に了解をもらい認印を携帯していました。早く職場に戻りたくても、予備知識がないと病院に振り回され、無駄に時間を費やします。入院先が遠ければなおさらです。

〈リスク回避*check*④〉

知っていますか？　親のこと

知っているものに☑を。

☐生年月日
☐血液型
☐持病
☐既往歴
☐手術経験
☐かかりつけ医
☐飲んでいる薬
☐アレルギー
☐家系的病気
☐祖父母の死亡年齢・死因
☐介護認定の有無
☐利用サービス
☐担当包括やケアマネジャー
☐医療保険証のしまい場所
☐介護保険証のしまい場所
☐加入生命保険証
☐印鑑
☐お薬手帳
☐暮らしの支払い・引落先
☐使用銀行カードと保管場所
☐個人番号（マイナンバー）

知らない項目は、折に触れ確認をしておきましょう。

●1日5千円、1万円、2万円…、どうする差額ベッド料？

私は、両親の入退院で数えきれないほど病院をめぐりましたが、「入院した」と連絡を受けるたびに、真っ先によぎった不安は、「差額ベッド料はいくらかかるだろう？」でした。最近は、個室でなくても、４人以下の病室で、１人当たりの床面積６・４㎡以上、プライバシー保護設備、私物収納、照明、小机、椅子を備えていれば、差額ベッド料は病院が決めて徴収が可能。私の場合は、１日５千円から最高は、「１日１万５千円」と言われ、目の前が真っ暗になりました。今では、ちょっとした病院で２、３万円はザラです。あなたならどうしますか？（親御さんが潤沢に準備金をお持ちで、「是非とも個室に」という場合は、以下飛ばしてください）。

こんなとき、知っておくと役立つのが次の二つ。まず一つは、国が病院に示している差額ベッド料を取るときのルール。「事前に必ず文書で、本人か家族に説明をして、了解を得ること」。そこで病院は文書を示して、「A個室３万円、B２人室２万円、C４人室１万円ですが、どうされますか？　C室でよろしいですか？」などと事前に必ず聞いてきます。そのとき見栄を張らずに、「できれば差額が発生しないベッドをお願いしたい」と、はっきり「ノー」の意思表示することが大切です。

というのは、知っておきたい二つ目に、国が示している「差額ベッド料を取ってはいけないルール」があるからです。それは①療養上必要がある、②病棟管理上必要がある、③患者が同意していない。いずれかの場合、差額ベッドに入院させても、本来は請求できないことになっています。とはいえ、病院も経営がかかっていますから、取れる人からは徴収したいのが本音。二つの原則を知って入れば、「できるだけ早く差額なしベッドに移して」と釘を刺すなど、交渉の余地は広がります。私もこれで何回救われたことでしょう。

【入院に必要なもの】

診察券　保険証（医療受給者証）　入院同意書類　保証人の氏名・住所・印鑑　お薬手帳　飲んでいる薬　タオル・バスタオル（各2、3枚）　下着（2、3組）　前開きパジャマ・寝間着（2、3組）　洗面用具　ティッシュペーパー　ウエットティッシュ　室内履き　筆記用具　マグカップ　箸・箸箱・スプーン・フォーク　（必要に応じて、メガネ、入れ歯、紙おむつ・お尻ふき・お茶・魔法瓶・ラップなど）

※一人暮らしでは、入院用品はあらかじめカバンなどに準備しておくと、あわてません。

●仕事で毎日病院に行けない。どうする？　着替えや入院中のお世話

入院後は病院にお任せでひと安心と思ったら、大間違い。家族の役割は思いのほかあります。母の入院で私が真っ先に困ったのが、下着など着替えの洗濯。数日で汚れ物が山になりますが、働いていれば週に1、2回通うのがやっとです。苦肉の策で看護師長に泣きつき、多めの下着やタオルを圧縮袋に入れ、病室の衣装ケースに押し込んで置かせてもらっていました。

でも遠距離だとそれでも無理です。そこで覚えておきたいのが「レンタル」と「クリーニングサービス」。最近は病衣（寝間着）、バスタオル、フェイスタオル、紙おむつ、お尻ふきなどの入院用品を、必要に応じて組み合わせたレンタルセットを用意する病院が増えています。料金は、日額5百円前後から数千円と安くはありませんが、時間や交通費と秤にかけて…。

また下着などの洗濯物は、出入のクリーニング業者が指定の洗濯ネット1袋、数百円などで代行してくれる病院もあります。聞いてみない手はありません。入院中は、医療保険と介護保険の併用ができないため、ヘルパーなど介護保険のサービスは使えません。代わりの手段を知らないとあわてます。

脱！介護離職のツボ⑤

「入院中、介護保険は使えない。代わりのサービスでカバー」

【入院中、人手のないときのやりくり術】

1 病院の請求書は郵送を頼む。支払いは振り込みにしてもらう。
2 下着の洗濯は、病院出入り業者に頼めないか確認する。
3 病衣やタオルはレンタルを利用する。
4 病院の相談室に相談する。
5 担当の地域包括支援センターに相談する。
6 市町村の社会福祉協議会のボランティアセンターで、有償ボランティアを紹介してもらう。

●先の見通しをつかむには？

「上司にいつ話そうか…」、「出張は行けるだろうか…」、仕事の段取りをつけたくても、親の病状や先の見通しがつかないと相談もできません。でも、病院の誰に、いつ、何を聞いたらいいのかわからず、一日延ばし。こんな悪循環に陥らないためには、入院1週間程度で大病院では必ず行われる「治療計画」の説明に、できるだけ立ち会うことです。そこでは主治医から、今後の大まかな治療の流れや到達点が示されるので、入院はいつまで？　検査は？　手術は？　治る見込みは？　後遺症は？　介護の必要は？　仕事が多忙なので、今後、想定される緊急対応事態はあるか？　連絡方法は？　など聞きたい質問は事前にメモして臨みましょう。また手術は外科医が、その後は内科系の担当医が主治医に変わることも多いので、今後の主治医や担当看護師の確認をしておくと安心です。

脱！介護離職のツボ⑥

「治療計画の説明に立ち会う」

【医師と上手に付き合うコツ】

医師は技術的にも人格的にも差があります。いずれにせよ「お任せします」の全面委任や極端な権利主張は失敗のもと。後悔しない治療を受けるには、遠慮しないで納得できるまで聞くこと。その際、意思疎通を上手に図るコツは、

1 家族でばらばら聞かず、病院との窓口となるキーパーソンを決める。
2 時間のかかる説明を受けたいときは、事前に予約を取る。
3 聞きたいことは必ずメモして臨み、説明は手帳などに記録する。
4 医師には患者、家族を啓発する使命があるので、理解を深めるのに役立つ本やサイトを紹介してもらい、学習意欲を示す。
5 患者本人の希望や質問を聞いておき、回診時や治療説明時にフォローする。
6 医師と話しにくいときは、看護師や相談室を介して聞いてもらう。
7 行くたびに看護師に病状を聞くなど、訪問をアピールし、家族を大切にしていることを伝える。

●トイレにも行かれないのに、「退院」と言われたら？

入院のドタバタに一息つく間もなく、すぐに「退院」の話。私も何回、仕事のやりくりに四苦八苦したことでしょう。救急病院では、平均入院日数が18日を切っており、病名ごとに標準的な入院期間もあります。「トイレにも行かれないのにもう退院」が日常茶飯事です。

こんなとき、「仕方がない」と、言われるがまま退院させてしまうと、共倒れや離職の危機に。とにかく退院前に必要な段取りをつけるのが先決です。そこで大切なのが、「退院計画」の説明。主治医から必ず呼び出しがあるので、「母親が行くからいいや」、「父親が…」と任せず、できるだけ仕事をやりくりして同席しましょう。そして、「次の療養に何が必要ですか？」、「介護なのか、リハビリなのか、継続治療なのか」を、しっかり確認することです。

「リハビリが必要」と言われたら、リハビリができる転院先を、「継続治療が必要」なら、長期入院が可能な療養型施設などを紹介してもらいます。そこで頼りになるのが、病院の「相談室」。M・S・W（メディカル・ソーシャル・ワーカー）という医療や介護、福祉の専門知識を持つ相談員がいるので、その日のうちにアポをとり面談を。

急性期の患者を受け入れる一般病院では、長期入院患者が増えると、診療報酬が下がる仕組みになっています。そこで病院側は、退院につながる情報の提供には熱心に対応します。入院中が必要情報を引き出すチャンス。ビジネスライクな折衝は私たちの出番です。いったん退院してしまうと、後の祭りになります。

脱！介護離職のツボ⑦

「病院の相談室を活用すべし」

【退院後の選択肢・フローチャート】

退院後の選択肢は、自宅以外にいろいろあります。状態や目的に応じて次のフローチャートを参考に、病院の相談室や地域医療連携室と相談しましょう。

図1 退院後の選択肢

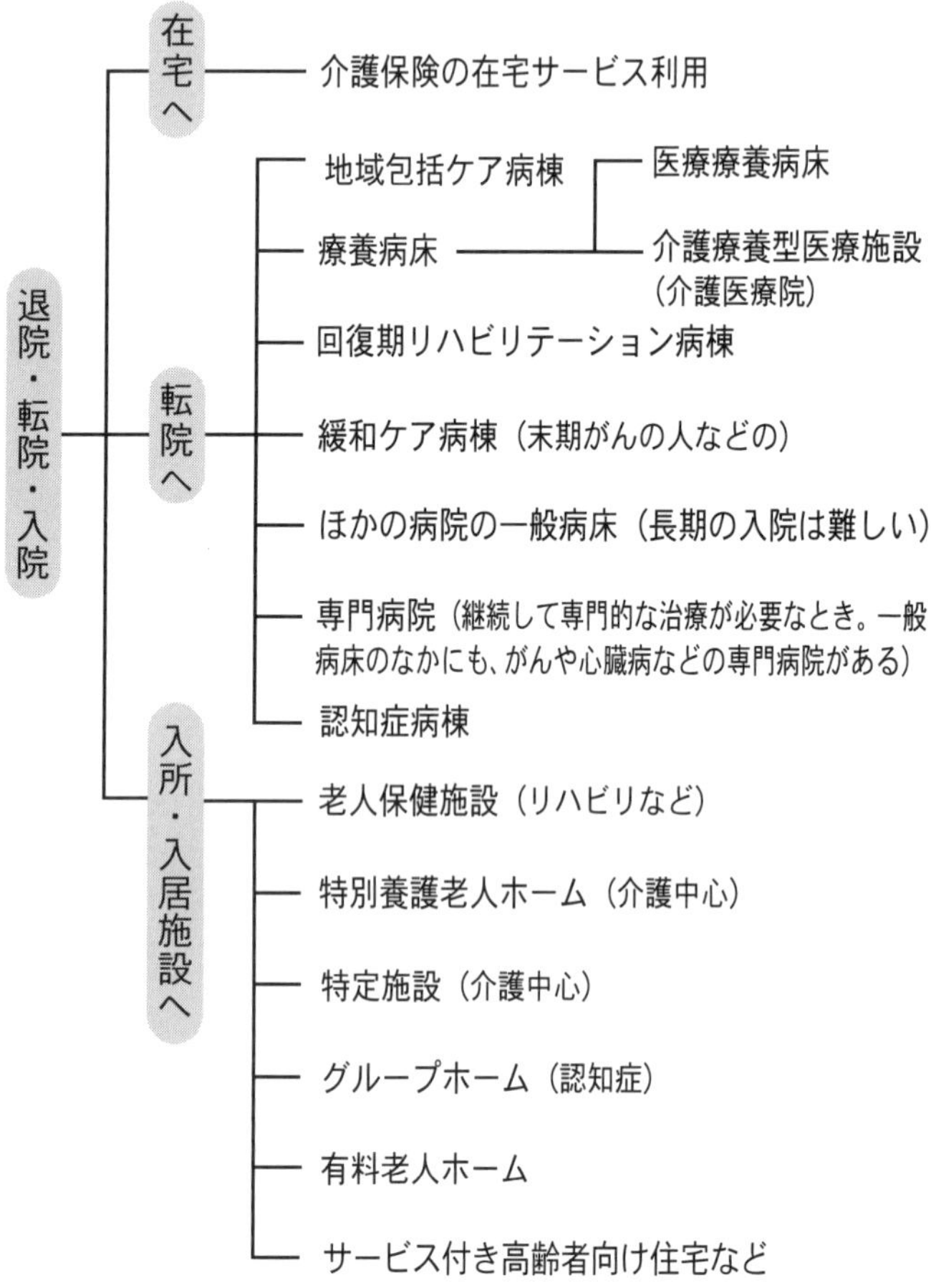
退院・転院・入院
在宅へ
介護保険の在宅サービス利用
転院へ
地域包括ケア病棟
療養病床
医療療養病床
介護療養型医療施設（介護医療院）
回復期リハビリテーション病棟
緩和ケア病棟（末期がんの人などの）
ほかの病院の一般病床（長期の入院は難しい）
専門病院（継続して専門的な治療が必要なとき。一般病床のなかにも、がんや心臓病などの専門病院がある）
認知症病棟
入所・入居施設へ
老人保健施設（リハビリなど）
特別養護老人ホーム（介護中心）
特定施設（介護中心）
グループホーム（認知症）
有料老人ホーム
サービス付き高齢者向け住宅など

不安・その3◇退院

「親が近々退院。その後が不安…」
以前とは激変する親の暮らしに、働きながらどう準備する？

●退院後の心配事、どこに相談したらいい？

退院計画が示されたら、手をこまねいてはいられません。高齢期は退院といっても、全快することは稀です。親の生活はおのずと変わり、衣食住の見守りや手助け、付き添いなどが必要になります。さらに医療や看護、介護サービスも必要になるかもしれません。退院後の生活に、想定外をできるだけなくして臨むには、退院前にどれだけ段取りできるかが鍵。次の〈リスク回避ｃｈｅｃｋ⑤〉と「相談先」を参考に、準備を進めましょう。

脱！介護離職のツボ⑧

「情報を制する者、仕事と介護を制す」

〈リスク回避*check*⑤〉

準備はぬかりなく。退院前にこれだけは！

□退院後の通院予約の有無や交通手段
□身体障害の認定
□薬の入手ルート
□かかりつけ医への紹介状をもらう
□かかりつけ医がいないときは、近くの診療所の紹介を依頼
□食事管理などの指導を受ける
□家族が行う看護指導を受ける
□医療器具の扱いをマスターする
□医療管理の消耗品（吸引、導尿、胃瘻《いろう》、鼻腔栄養、酸素など）入手ルート
□補助具の手配や福祉用具をそろえる（杖、車いす、電動ベッドなど）
□介助方法の指導を受ける
□住宅改修をする（介護保険や自治体の補助の確認）
□紙おむつなど介護用品の格安ルート（ネット通販など）
□認知症診断
□介護保険の申請
□休日、夜間診療窓口
□緊急入院の受け入れ
□担当の地域包括支援センター（居住市町村に問い合わせ）
□同上でケアマネジャーのリスト入手
□ケアプラン作成とサービス手配

【相談先と使い分け】

◆院内相談室　退院、転院、治療等にまつわる相談全般。医療費の心配ほか。

◆地域医療連携室　退院後の医療、看護の相談。近くの開業医紹介、薬局情報ほか。

◆地域包括支援センター（詳細67頁参照）　高齢期のよろず相談支援窓口。退院後の不安、介護保険手続き、認知症の心配、一人暮らし、老老介護、遠距離介護の相談など。

◆院内、行政の患者サポート窓口　医療に関する医学的疑問、不安、コミュニケーショントラブル、医療者への苦情、医療事故相談など。

●どうする？ 退院後、リハビリが必要なとき

高齢期は、脳梗塞などによる後遺症が介護原因となることが多く、そのリハビリは早いほどいいと言われます。しかし、救急車で運ばれた病院では安静第一で、リハビリ開始が遅れることがあります。

障害が残るとわかったら、医師や病院の相談室と話し合い、病状が落ちつき次第、でき

るだけ早くリハビリが開始できる手はずを整えましょう。ただし退院させて、働きながら、通所リハビリの送り出しや、訪問リハビリを自宅で受け入れるのは大変です。医療保険が使える回復期のリハビリテーション病院や地域包括ケア病棟、介護保険対象の介護老人保健施設など、まずは転院先や施設を相談室で探してもらうこと。原因や状態によって、180〜60日程度は入院できるので、その間に自宅への受け入れ準備ができます。

自宅に戻る前には必ず試験外泊をして、次頁のチェック⑥を忘れず確認を。

【どうする? 一時帰宅中の福祉用具レンタル】

退院前の試験外泊の際、車いすや電動ベッドなどの福祉用具が必要でも、まだ入院中なので介護保険の福祉用具レンタルは使えません。そんなときは、介護保険外で使える短期の安価なレンタル先を、**病院の相談室**や**地域包括支援センター**、**社会福祉協議会**に、聞いてみましょう。

〈リスク回避*check*⑥〉

障害が残って自宅に戻るとき、退院前に必ずチェック

退院前には必ず試験外泊をして以下の点を確認すること。

□自宅への出入りは可能か

□部屋内移動は可能か

□既存のトイレは使えるか

□浴室は使えるか

□布団に寝られるか、ベッドが必要か

□段差など危険はないか

□手すりはどこに必要か

□洗面や歯磨きはできるか

□箸や食器は使えるか

□着替えができるか

□どんな福祉用具が必要か

□住宅改修が必要か

□リハビリ専門職の同行訪問やアドバイスを受けたか

□どのような介助が必要になるか

●退院後も継続治療が必要なときは？

高度医療を提供する大病院では、急性期治療が一段落すると、継続治療が必要でも退院になるのが一般的。自宅から頻繁に通院するのは、本人、家族ともに負担です。継続治療が必要なときは、転院先を相談室などで探してもらいましょう。その際、知っておきたいのが、「一般病床」と「療養病床」の大きく2種類あるということ。

一般病床とは、発症直後の急性期から回復期の治療が中心となる医療保険対象のベッドのこと。医師や看護師の数は多く、入院期間は原則、短期間。療養病床とは、難病や慢性疾患などで長期療養が必要な患者を対象に、生活面の介助や看護に重きを置いたベッド。医師や看護師数は少ない代わりに、一人当たりの床面積が広く、介護職員が多くなります。療養病床には、医療保険対象の「医療療養病床」と、介護保険対象の「介護療養病床」があります。医療費削減の政策で、介護療養病床は29年末の廃止が決定。今後は「介護医療院」など医療付きの介護施設への転換が進められます。

それぞれ受けられる治療や入院期間、療養環境が大きく違うので、高齢期の入転院先を探すときは、患者と家族の目的を整理するのがポイントです。①急性期の治療が第一目的か、②在宅復帰のためのリハビリや治療が目的か、③在宅介護の準備が整うまでの入院が目的か、④生活支援や見守りが目的か、⑤介護重視か、⑥看取りまでか、などの見極めを。

脱！介護離職のツボ⑨

「転院・転所は、目的を整理してミスマッチを防ぐ」

●どうする？　口から食べられないとき──胃瘻の落とし穴

入院中に食事が口から摂れないと、胃に液体栄養剤を注入する胃瘻が増えています。

入院中に胃瘻を提案されたらどうしますか？　簡単な手術なので安易に行われがちですが、栄養剤注入は医療行為なので、退院後は、家族か医療職しかできません。介護職は、研修を受け、看護連携がある場合だけ可能になりましたがまだ少なく、介護施設では胃瘻の受け入れは限られます。カテーテルの交換も定期的に必要になります。胃瘻で体調回復や生活の質向上が見込めればいいですが、つらい状況をただ引き延ばす延命だけということも…。口から食べられなくなったらどうしたいかを、元気なうちに親と、少しずつでも話し合っておきたいものです。

●休めない、車がない、退院、通院の足に困ったら？

いざ退院、これがまたひと仕事です。入院中に荷物は増え、電車での移動はまず無理。

車いすやストレッチャーということもあります。そこで知っておくと便利なのが、「移送サービス」。車が必要な場合、車いすやストレッチャー対応の民間移送サービスや福祉タクシーがあります。料金は時間やメーター制で、介助者を頼むこともできます。私も母が寝たきりで退院したときは手が足りず、民間の移送サービスを利用し、介助人も1人頼みました。病院から家まで3万円弱の出費でつらかったですが、背に腹は代えられませんでした。

また首尾よく退院できたとしても、盲点は通院です。退院後は、自宅から病院へ一人で通えるとは限りません。施設に入っても、通院のたびに家族の付き添いを求めるところもあります。月に1、2回としても、仕事を休んで送迎し、待合室ではイライラと時間の読めない1日仕事。遠ければなおのこと大変。有給休暇も限りがあります。

こうした退院後の通院で便利なのが、通称「介護タクシー」。正式名称は、介護保険の「通院介助」というサービス。介護資格を持つタクシードライバーが、通院の介助や院内での受付手続きなどを手伝います。タクシー代は通常のタクシーメーターと同じで、介助サービス費として1回に自己負担がプラス100円程度（1割負担の場合）。要介護1以上であれば利用できます。ケアマネジャーに希望を伝え、ケアプランに入れてもらうことが必要です。また、介護保険でヘルパーに通院の付き添いの依頼や、生活支援サービスで有償ボランティアの付き添いサービスが利用できる市町村もあります。必要に応じて使い分けを。

●どうする？　退院後の治療や薬

入院していた病院は住まいから遠く、退院後は通うのが大変。でも有名病院だから無理をして通院を続ける人もいます。が、大病院は急性期治療が中心で、慢性期の病状管理には不向きです。近くで、慢性期の病状を総合的に管理し、薬も整理しながら処方できる、かかりつけ医が必要です。病院側も、診療所へ患者を紹介すると、報酬アップにつながるので、最近は積極的に紹介状を書くケースが増えました。もしも近くにかかりつけ医がいないときは、遠慮しないで入院先の担当医や地域医療連携室、相談室で紹介してもらいましょう。できれば、「在宅療養支援診療所」（在支診。次頁）がないか、併せて聞いてみましょう。

また治療には薬がつきものですが、本人が薬局に行くことができないとき、薬を取りに行くのもひと仕事。そんなときは、介護保険や医療保険で薬剤師の訪問サービスが利用できます。薬剤説明や服薬管理、24時間の緊急相談なども併せて受けられます。介護保険で1回当たり、自己負担1割で500円程度。医療保険だと若干高くなりますが、仕事との両立には選択肢の一つです。かかりつけ医やケアマネジャーに相談を。

【在宅療養支援診療所（在支診）って何？】

次の条件を最低限満たしている診療所のこと。

・24時間、連絡が取れる　　**・緊急入院を受け入れる連携体制がある**

・24時間、往診が可能　　**・ケアマネジャー等との連携が取れている**

・24時間、訪問看護が可能　　**・在宅看取り数の報告をしている**

※自宅での看取りを希望するときは、在支診の中でも、「機能強化型」（3名以上の常勤医師、過去1年間に緊急往診5件以上、看取り2件以上の実績がある）が安心です。

早期退院の推進で、国は診療報酬を上乗せして受け皿になる在支診を増やそうとしています。病院の地域医療連携室や担当の地域包括支援センター、地元医師会などに問い合わせを。一般社団法人・全国在宅療養支援診療所連絡会のホームページや国の「医療情報ネット」でも検索ができます。

脱！介護離職のツボ⑩

「探しておくと安心。『在宅療養支援診療所』」

●どうする？ 退院後に介護が必要

退院後は介護が必要になるとわかったら、事前準備を怠りなく。よくあるのが、父親が倒れ、母親はまだ元気。当面は母親が介護できるので、つい安心してしまうケース。これが要注意！ 私のように共倒れ、ダブル介護の危険信号です。

一人目の親の介護スタートはとても大切。もしも「退院後、介護が必要になる」と連絡を受けたら、早々に介護保険の段取りを始めましょう。頼みの母親や父親が倒れたら万事休す。主たる介護者をしっかりサポートするのが、働きながらの介護のコツ。詳しい段取りは、63頁の図2を参考に、退院前に担当の地域包括支援センター（包括。67頁）を訪ね、「要介護認定」の手続きをすることです。申請すると訪問調査が入りますが、自宅より病院で受けたほうが、何かと有利です。また、退院前に包括職員やケアマネと連携が取れると、退院後の在宅介護生活もスムーズにスタートできます。ここで情報収集をしておけば、万一、自分が主たる介護者となったときもあわてずに対処できます。

脱！介護離職のツボ⑪

「退院前に介護保険の手続きを」

【退院後のちょっとした生活支援がほしいとき】

退院後、介護は必要なくても、重いゴミ出しや買い物など家事援助があれば安心。そんなときは、**包括や各市町村、社会福祉協議会（社協）に問い合わせてみましょう。**一人暮らしや高齢夫婦を対象に、たとえば、市町村独自事業で退院後1か月間は家事援助1時間300円、社協の事業でゴミ出し1回200円、家事援助1時間800円など、有償ボランティアサービスなどを利用できることがあります。

不安・その4◇介護保険制度

「介護保険制度をうまく使えるか不安…」名前は知っているけれど、何をどうしたら？

●初めての介護、まずどこに相談したらいい？

介護といえば、真っ先に思い浮かぶのが「介護保険」。でも、仕事をしながら介護に直面した多くの人が、「どうしたらサービスが使えるのか？」、「どこへ行けばいいのか？」、まったくわからなかったと語ります。あなたはどうですか？

日頃かかわりのないことには、誰でも無関心なものです。でも、今は、いつ、誰が、働きながら介護に直面しても不思議のない時代。もう無関心ではいられません。次の相談先をまず覚えておきましょう。最初の一歩がわかっていれば、そこから道は開けます。

【介護保険の相談はココへ】

◆市（区）町村の介護保険担当窓口　介護保険の相談、申請手続きができます。

◆地域包括支援センター（包括）　介護保険の相談、申請手続き、要支援１・２のケアプラン、サービス手配、生活支援サービス、介護予防、認知症、権利擁護相談など、「高齢者のよろず相談支援窓口」。居住地ごとに担当が決まっています（詳しくは67頁参照）。

◆ケアマネジャー（介護支援専門員）　介護保険の相談、申請手続きの代行、要介護1～5の人のケアプラン、サービス手配など（詳しくは69頁参照）。

※相談や手続き、サービス手配、サービス利用は、全国どこでも可能。子世代が住む市町村で介護サービスを利用したいときは、郷里へ手続きに出向く必要はありません。最寄りの包括へ。

脱！介護離職のツボ⑫

「介護保険の相談先は、あらかじめ押さえておく」

●介護サービスを使うには、どうしたらいい？

「すぐ使えると思っていたのでお手上げでした」、「手続きに1か月もかかるなんて信じられませんでした」。これが初めて介護サービスを利用しようとした人が直面する落とし穴。介護サービスは保険証を持っているだけでは使えないと知っていましたか？

介護保険証には、「介護度」とその「有効期間」を書く欄があります。そこが白紙の保険証はすぐには使えないのです。その記入に必要なひと手間が、「要介護・要支援認定の申請」。介護サービスを利用したいときは、何はさておき、申請手続きに向かいましょう。手続きは、本人以外、家族、ケアマネジャー、包括職員（68頁）も代行できます。申請先は、前途の包括や市町村窓口です。窓口にある申請書類を提出すると、図2（63頁）の流れを経て、結果が介護保険証に記録されて届くのが、早くて1か月後。認定結果が「非該当」（自立）以外なら、やっと介護サービスが利用できる仕組みです。

ただし、40～64歳の人は、16種の病気（65頁）が原因のときだけ申請可能。65歳以上なら原因は何でも申請できます。

（64頁の必要書類を持って手続きに行きましょう）

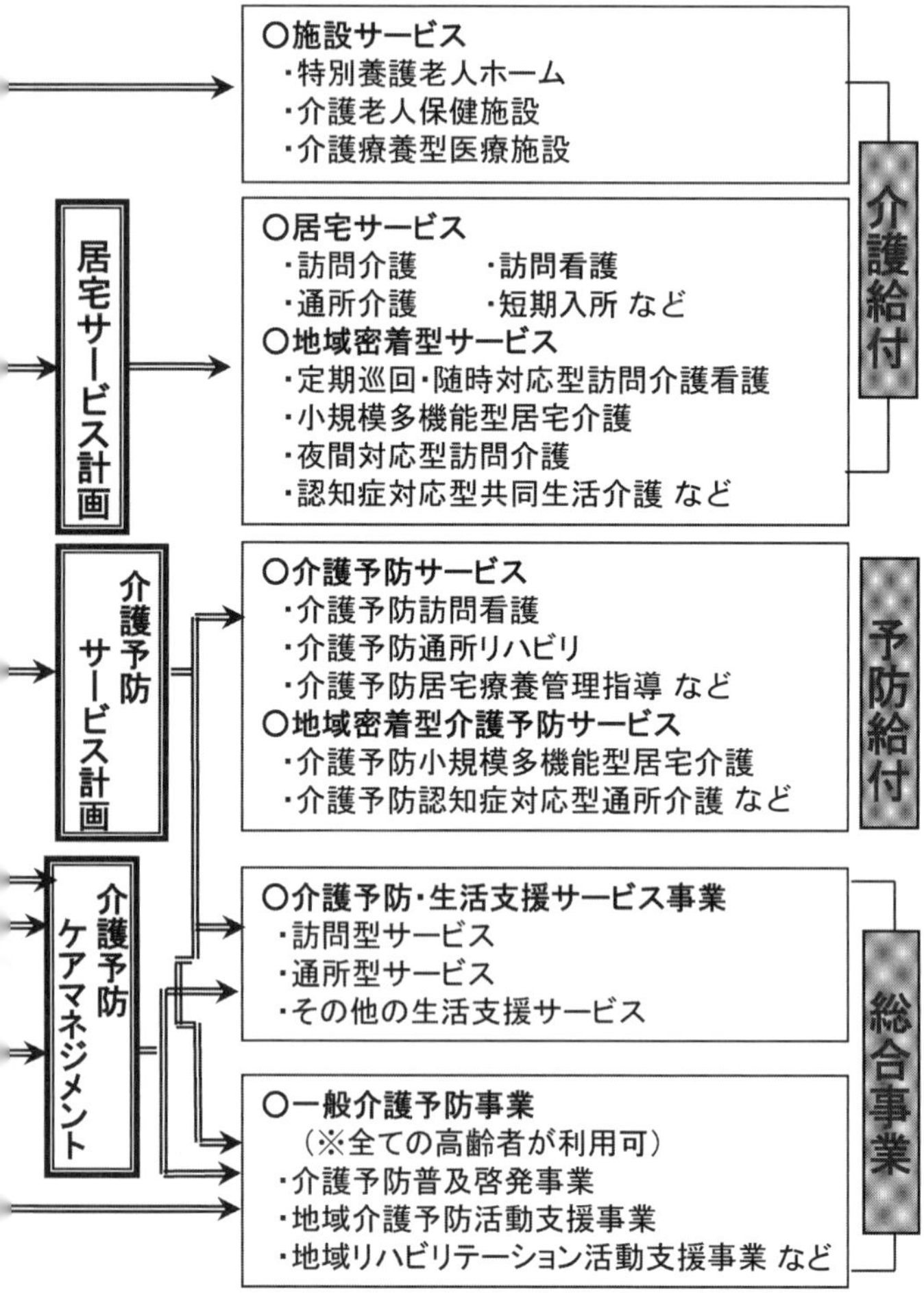

図2 介護保険利用の流れ（申請からサービス利用まで）

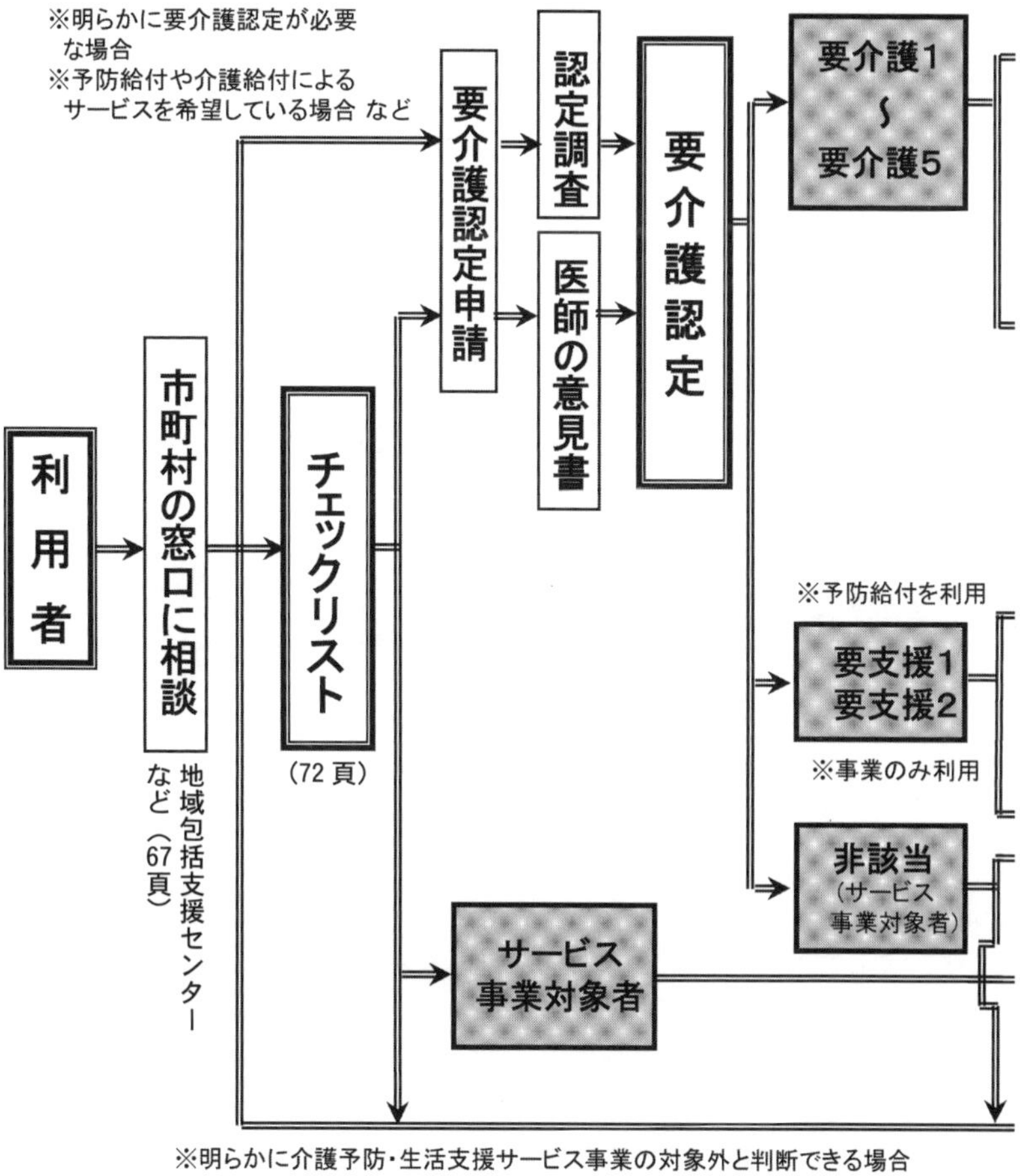

【要介護認定の申請に必要なもの】

◆**介護保険被保険者証**　40～64歳の人は健康保険被保険者証。

◆**要介護・要支援認定申請書**　市町村の介護保険窓口、地域包括支援センターにあります。市町村ホームページからもダウンロード可能。

◆**主治医の氏名、医療機関名、住所、電話番号、診察券など**　主治医がいないときは、窓口で相談を。

◆**被保険者本人の個人番号がわかる書類**　個人番号カードか通知カードの写し。

※マイナンバー使用から手続きが複雑に。申請者の身元確認書類や認印が必要なこともあるので、事前に電話などで二度手間にならないよう確認を。

脱！介護離職のツボ⑬

「介護サービスは1か月待ち。何はさておき要介護認定の申請を」

【40～64歳は、16種類の病気しか介護サービスが使えない】

がん末期（医師が一般に認められている医学的知見に基づき回復の見込みがない状態に至ったと判断したものに限る）　関節リウマチ　筋萎縮性側索硬化症　後縦靱帯骨化症　骨折を伴う骨粗鬆症　初老期における認知症　進行性核上性麻痺　大脳皮質基底核変性症およびパーキンソン病・パーキンソン病関連疾患　脊髄小脳変性症　脊柱管狭窄症　早老症　多系統萎縮症　糖尿病性神経障害・糖尿病性腎症および糖尿病性網膜症　脳血管疾患　閉塞性動脈硬化症　慢性閉塞性肺疾患　両側の膝関節または股関節に著しい変形を伴う変形性関節症

●介護サービスをすぐ使いたいときは、どうしたらいい？

1か月も待てない、サービスをすぐ使いたいときは、申請窓口で、「すぐサービスを使いたい」と一言必ず付け加えること。1か月後の結果を待たず申請日からサービスは使えます。

ただし注意点が一つ。介護保険では1～2（3）割（3割は二〇一八年八月から）の自己負担で利用できる限度額（表1）が介護度で決まっています。認定された限度額より多く

表１　介護度別利用限度額

区分	改定後（平成26年4月から）
要支援１	5,003単位
要支援２	10,473単位
要介護１	16,692単位
要介護２	19,616単位
要介護３	26,931単位
要介護４	30,806単位
要介護５	36,065単位

施設入所や居宅療養管理指導、福祉用具購入、住宅改修、民間の介護付き施設の特定施設入居者生活介護、グループホームの認知症対応型共同生活介護は、この限度額外。

使ってしまうと、足が出た分は全額自己負担になります。包括担当者とよく相談し、少な目からサービスをスタートするのがコツ。

また、買い物や見守り、食事、ちょっとした生活支援サービスだけでもすぐほしいときは「基本チェックリスト」（72頁）で簡単なサービスを受ける方法があります。併せて相談を。

脱！介護離職のツボ⑭

「申請時に『すぐ使いたい』と言うこと」

●地域包括支援センター（包括）って何？

働きながらの介護で、いの一番に覚えておきたい相談先が「地域包括支援センター」（以下「包括」）。役所まで出向かなくても「高齢者のよろず相談支援窓口」で。およそ中学校区に一つ、介護保険財源で、全国にすでに7千か所以上が設置されています。具体的業務は、高齢期の医療や介護、認知症、介護予防、生活支援、権利擁護に関する何でも相談を受け、解決に必要な申請手続きやサービス紹介、手配、継続的なケアマネジメント、生活支援サービスの手配や受け皿づくり、見守り、医療と介護の連携、ケアマネジャー支援、要支援1・2の人のケアプラン作成など。とにかく仕事をしながらの介護の強い味方です。

包括は住んでいる地域ごとに担当が決まっています。さっそく親御さんに、「担当包括って知っている？」と聞いてみてください。「そんなの知らない」と言われたら善は急げ。住んでいる市町村の介護保険担当に電話を。住所を伝えれば、すぐに担当包括がわかります。電話番号をメモしておけば、もう突然の介護にもあわてません。

脱！介護離職のツボ⑮

「親の担当包括を市町村で確認、メモしておく」

【担当包括を味方につける法】

担当包括がわかったら、**親が元気でも一度行ってみること。行ったら相談するのがコツ。**何でもいいのです。「就労中、親が独りで心配」、「高齢で近くに身寄りがいないので不安」、「転んでから閉じこもりがち」、「足が悪く買い物が大変」、「物忘れが…」。相談すると、「利用者基本情報」という病院のカルテのような記録が包括に残ります。これがイザというとき、電話一本で話が通じ、仕事ですぐに動けない私たちを助けてくれます。

また包括は介護予防の拠点でもあり、認知症や転倒、筋力低下の予防や男の料理教室など様々な予防事業を行っています。それらを活用して、**包括と早めにつながりを持っておくと何かと心強い**ものです。

●ケアマネジャーの探し方がわからない

ケアマネジャー（介護支援専門員、以下「ケアマネ」）は、主に要介護1～5の認定が下りた人の相談にのり、ケアプランづくり、サービス手配、要介護認定の更新代行、苦情処理まで一切を取り仕切ります。医療職や介護、福祉職などが資格を取って従事しています。「居宅介護支援事業所」というところに所属しているので、ケアマネを探すには包括や市町村の介護保険窓口で、「居宅介護支援事業所一覧」＝「ケアマネリスト」をもらい、その中の一つと契約します。介護度が重くなっても、いいケアマネが見つかれば鬼に金棒。優秀なアシスタントがいれば、仕事がはかどるのと同じです。

いいケアマネの条件は、①こちらの話をよく聞く、②利用者の立場でプランを考える、③サービス情報を幅広く持っている、④連絡が取りやすい、⑤依頼への対応が早い、⑥迅速で誠実な苦情処理、⑥所属組織のサービスを強要しない、⑦ケアプランの書き換えをいとわない、⑧評判がいい、⑨相性がいい。最低でも三つ以上該当する人を。

●ケアマネが不熱心。どうしたらいい？

介護サービスは、「いったん契約したら我慢するしかない」と思っていませんか？　ケアマネに限らず、すべての介護サービスは解約、変更できます。介護がお金で買う「商品」になった以上、解約も消費者の権利です。特に使ってみないとわからない介護サービスは、吟味してもハズレはつきもの。相性もあります。

変更折衝は手間ですが、まず事業所内で担当者を変えてもらい、それがダメなら事業者変更の準備を進めましょう。「相性が合わないようで…」と切り出すのが折衝のコツ。事業者変更は報酬支払いの1か月単位で行うとスムーズです。

【いいケアマネの探し方】

ケアマネリストには、事業所名、住所、電話、他の併設サービスが小さな文字で書かれているだけ。☆☆印や○×はついていません。つい上から順に電話しがちですが、それは失敗のもと。探し方のコツは、

1 住所を見て、まず近いところをピックアップ。
2 最低でも2、3の事業所に「介護保険の相談をしたい」と電話する。
3 感じがいいところ複数に説明に来てもらう。
4 複数と面談して知りたいことを質問してみる。
5 比較して対応がいいと感じたころと契約する。勘でかまわない。

※高齢になるとリストを見るだけでも大変。できればリストアップや電話、面接に立ち会い、働きながらの介護に理解があるか、質問して反応をみましょう。

脱！介護離職のツボ⑯

「いいケアマネが見つかれば、働きながらの介護は鬼に金棒」

●「基本チェックリスト」って何？ 上手な使い方は？

「放っておくと要介護になりそう」という介護予備軍を見分ける目的でつくられたのが、「基本チェックリスト」。包括で使用され、該当項目によって、簡単な家事援助やデイサービス、見守りなど市町村独自の介護予防メニューが利用できます。ただ二〇一七年から63頁の図2のように要介護認定の申請時にも使われるようになり、一部では軽微なサービスでお茶をにごすために利用されることがあります。介護サービスをちゃんと受けたいときは、「要介護認定を受けたい」と遠慮しないで言うこと。

また、「介護認定を受ける時期か？」と迷うときは、このチェックリストを内輪で試し、

表2 基本チェックリスト

	No	質問項目	回答		得点	
暮らしぶりその1	1	バスや電車で1人で外出していますか	0. はい	1. いいえ		
	2	日用品の買い物をしていますか	0. はい	1. いいえ		
	3	預貯金の出し入れをしていますか	0. はい	1. いいえ		
	4	友人の家を訪ねていますか	0. はい	1. いいえ		
	5	家族や友人の相談にのっていますか	0. はい	1. いいえ		
			No. 1～5の合計			
運動器関係	6	階段を手すりや壁をつたわらずに昇っていますか	0. はい	1. いいえ		
	7	椅子に座った状態から何もつかまらずに立ち上がってますか	0. はい	1. いいえ		
	8	15分間位続けて歩いていますか	0. はい	1. いいえ		
	9	この1年間に転んだことがありますか	1. はい	0. いいえ		
	10	転倒に対する不安は大きいですか	1. はい	0. いいえ		
			No. 6～10の合計			⇒ 3点以上
栄養・口腔機能等の関係	11	6ヶ月間で2～3kg以上の体重減少はありましたか	1. はい	0. いいえ		
	12	身長(　　cm)　体重(　　kg)　(＊BMI 18.5未満なら該当) ＊BMI(＝体重(kg)÷身長(m)÷身長(m))	1. はい	0. いいえ		
			No. 11～12の合計			⇒ 2点以上
	13	半年前に比べて堅いものが食べにくくなりましたか	1. はい	0. いいえ		
	14	お茶や汁物等でむせることがありますか	1. はい	0. いいえ		
	15	口の渇きが気になりますか	1. はい	0. いいえ		
			No. 13～15の合計			⇒ 2点以上
暮らしぶりその2	16	週に1回以上は外出していますか	0. はい	1. いいえ		
	17	昨年と比べて外出の回数が減っていますか	1. はい	0. いいえ		
	18	周りの人から「いつも同じ事を聞く」などの物忘れがあると言われますか	1. はい	0. いいえ		
	19	自分で電話番号を調べて、電話をかけることをしていますか	0. はい	1. いいえ		
	20	今日が何月何日かわからない時がありますか	1. はい	0. いいえ		
			No. 18～20の合計			
			No. 1～20までの合計			⇒ 10点以上
こころ	21	(ここ2週間)毎日の生活に充実感がない	1. はい	0. いいえ		
	22	(ここ2週間)これまで楽しんでやれていたことが楽しめなくなった	1. はい	0. いいえ		
	23	(ここ2週間)以前は楽にできていたことが今ではおっくうに感じられる	1. はい	0. いいえ		
	24	(ここ2週間)自分が役に立つ人間だと思えない	1. はい	0. いいえ		
	25	(ここ2週間)わけもなく疲れたような感じがする	1. はい	0. いいえ		
			No. 21～25の合計			

☆チェック方法
回答欄のはい、いいえの前にある数字(0または1)を得点欄に記入してください。

☆基本チェックリストの結果の見方
基本チェックリストの結果が、下記に該当する場合、市町村が提供する介護予防事業を利用できる可能性があります。お住まいの市町村や地域包括支援センターにご相談ください。

●項目6～10の合計が3点以上
●項目11～12の合計が2点
●項目13～15の合計が2点以上
●項目1～20の合計が10点以上

該当項目が多いときは、ためらわず包括へ相談を。

●介護サービスには何がある？

介護保険にどんなサービスがあるのか？　実際知っている人は少ないもの。実は市町村によっても違いがあり複雑です。そこで包括職員やケアマネジャーがアシストすることになっているのですが…。運が悪いと適当にあしらわれてしまうことがあります。

その予防策の一つが「この人は介護についてあなどれない」と、担当者に思わせること。私のところに取材に来ていた女性編集者が、こう言って笑っていました。「母が倒れて包括に駆け込んだとき、『この辺に小規模多機能はないんですか？』と聞いたとたん、横柄だった職員が、急に丁寧に説明し始めました」と。取材で聞きかじりの新しいサービス名を口にしただけで、効果てきめんだったとか。ちょっとした予備知識があるだけで大違い。表3を見て、大枠をつかんでおけば、包括担当者やケアマネに聞くときもスムーズです。

●働きながらの介護に覚えておきたいサービスは？

介護サービスの中でも、特に働きながらの介護に役立つ優れものが次の九つ。名前だけは覚えておきましょう。あとはそのとき詳しく聞けば大丈夫。

◆小規模多機能型居宅介護（小多機）　一つの事業所で、通所（デイサービス）と訪問（へ

表3 介護サービス一覧表

	介護給付（要介護１～５）	予防給付（要支援１・２）
都道府県・政令市・中核市が指定・監督を行うサービス	◉居宅介護サービス 【訪問サービス】 ○訪問介護 （ホームヘルプサービス） ○訪問入浴介護 ○訪問看護 ○訪問リハビリテーション ○居宅療養管理指導 【通所サービス】 ○通所介護（デイサービス） ○通所リハビリテーション 【短期入所サービス】 ○短期入所生活介護 （ショートステイ） ○短期入所療養介護 ◉特定施設入居者生活介護 ◉福祉用具貸与 ◉施設サービス ○介護老人福祉施設 ○介護老人保健施設 ○介護療養型医療施設 ◉居宅介護支援	◉介護予防サービス 【訪問サービス】 ○介護予防訪問入浴介護 ○介護予防訪問看護 ○介護予防訪問リハビリテーション ○介護予防居宅療養管理指導 【通所サービス】 ○介護予防通所リハビリテーション 【短期入所サービス】 ○介護予防短期入所生活介護 （ショートステイ） ○介護予防短期入所療養介護 ◉介護予防特定施設入居者生活介護 ◉介護予防福祉用具貸与
市町村が指定・監督を行うサービス	◉地域密着型介護サービス ○定期巡回・随時対応型訪問介護看護 ○夜間対応型訪問介護 ○認知症対応型通所介護 ○小規模多機能型居宅介護 ○看護小規模多機能型居宅介護 ○認知症対応型共同生活介護 （グループホーム） ○地域密着型特定施設入居者生活介護 ○地域密着型介護老人福祉施設入所者生活介護	◉地域密着型介護予防サービス ○介護予防認知症対応型通所介護 ○介護予防小規模多機能型居宅介護 ○介護予防認知症対応型共同生活介護（グループホーム） ◉介護予防支援

このほか、福祉用具購入費の支給、住宅改修費の支給、市町村が行う介護予防・日常生活支援総合事業がある。介護予防訪問介護と介護予防通所介護は日常生活支援総合事業に移行。

ルパー)、泊り(ショートステイ)三種のサービスを、柔軟に組み合わせて受けられる。出張や残業、認知症にも使い勝手がいい。

◆看護小規模多機能型居宅介護(看多機)　小多機に訪問看護サービスが上乗せされたサービス。退院後の病状不安定期も宿泊して看護観察ができて心強い。

◆定期巡回・随時訪問型介護・看護(定期巡回・随時対応サービス)　日中夜間を問わず、状態に応じた複数回の定期巡回訪問と利用者の通報で行う随時訪問を、介護と看護が連携して行う。中重度でも自宅介護が可能。

◆短期入所(ショートステイ)　介護施設や医療施設の期限付き宿泊サービス。送迎あり。連続利用は30日まで。利用日数が認定有効期間の半分を超えると全額自己負担。定期利用でリフレッシュ。中長期出張にも対応できる。

◆認知症対応型通所介護(認知デイ)　認知症に特化した少人数制のデイサービス。送迎付き。なじみの関係ができやすく穏やかに過ごせる。グループホーム(148頁)も条件が整えば3人以下の認知デイが行えるので、利用して慣れておけば入所もスムーズ。

◆通所リハビリテーション(通所リハ・デイケア)　医療施設に送迎付きで通い、リハビリを中心に受ける。短時間のリハだけで、入浴や食事がないところもある。退院後のリハビリ継続など。

◆通所介護(デイサービス・通所デイ)　福祉施設に送迎付きで通い過ごす。一人暮らしや日中独居の食事や入浴、見守りに安心。長時間型や時間延長ができるところもある。宿泊付きの「お泊りデイ」は介護保険外の民間サービス。夜のスタッフ数や資格、寝室環境など要チェック！

◆訪問介護（ヘルパー）　掃除、洗濯、食事の用意などの「生活支援」と入浴など体に触れる「身体介護」があり、ヘルパーが自宅に来て行う。希望サービスは、あらかじめ事業所の「サービス提供責任者」に伝えておかないと、ヘルパーは勝手にできない仕組み。また要介護1以上は、ヘルパー資格を持つタクシードライバーによる「通院介助」も利用できる。

◆居宅療養管理指導　医師、看護師、栄養士、薬剤師、歯科衛生士が自宅を訪問し、看護や介護のアドバイスを行うサービス。退院後の介護開始時や治療食、誤嚥防止、薬の管理などが必要なときに役立つ。

脱！介護離職のツボ⑰

「プロっぽい介護サービス名称を、一つ二つ覚えておく」

●仕事を続けるために、必要なサービスをゲットするには？

介護サービスを利用するには、「次の1か月間にどんなサービスを、いつ、どれだけ使うか」を記入した「ケアプラン」（介護の計画書）の事前提出が必要。ケアプランにないサービスは一切利用できない仕組みです。さらに、ケアプランがないと全額自己負担。あとから領収書を集めて還付請求をすることになります。

この大切なケアプランを専門に代行するのが、ケアマネジャー（要介護1〜5の場合）と包括職員（要支援1・2の場合）。介護度別に担当が違いややっかいですが、とにかく担当者に要望を伝えなければ始まりません。特に仕事をしながらの介護の場合、「仕事をしているので、勤務が続けられるケアプランを考えてほしい」と念を押すこと。

ケアプランは1か月ごとに見直し再提出されます。途中でも書き換えは随時可能なので、勤務形態や状態に変化があれば、そのつど伝え、ケアプランを書き換えてもらいましょう。

脱！介護離職のツボ⑱

「要望をはっきり伝え、ケアプランに必要サービスを盛り込む」

【ケアプラン作成時に伝えるポイント】

・介護で一番困っていること
・一番改善したいこと
・自宅に来る訪問系がいいか、通って行く通所系がいいか
・医療連携が必要か
・時間帯や曜日の希望
・仕事との両立で不安なこと
・緊急時の対応とお互いの連絡先

※もしも、利用者置き去りの「手抜きケアプラン」や不要なサービスの「押しつけケアプラン」、1か月ごとの見直しが「なおざりケアプラン」、また「連絡が取りにくい」といったときは、遠慮なく改善を求め、手応えがなければ担当を変えてもらいましょう（69頁参照）。

●介護サービスの不満や要望はどこへ？

介護サービスを使い始めると、「ショートステイで転倒してケガ。かえって大変になった」、「デイサービスで薬を間違われた」、「ヘルパーが次々替わる」…など、ため息の連続。そんなとき、「気まずくなるのが嫌だから、我慢」と泣き寝入りしては、事故やサービス低下の悪循環になります。私も経験がありますが、黙っている人、寛大な人のところには手抜き、シワ寄せがくるのが悲しい現実。逆に物申す家族がいると、事業者も心して対応してきます。介護サービスは特殊な対人サービスで、相性や事故、苦情はつきものと事業者も心得ています。苦情窓口を必ず設置し、賠償保険にも入っています。

そこでポイントは言い方。腹が立っても深呼吸、冷静に説明と改善策を求めること。そして改善されたら、「お陰様で助かりました…」と必ず評価を返し、苦情先とのいい関係づくりを心がける。苦情はビジネスライクな対応に慣れている私たちの腕の見せどころです。

脱！介護離職のツボ⑲

「苦情は泣き寝入りせず、相互理解の糸口にする」

【苦情、不満、事故のケース別相談先】

◆ヘルパーへの不満、要望、事故、破損などは？

⇩利用事業所のサービス提供責任者か苦情窓口。賠償保険で補償も可能。

◆デイサービス・ショートステイ中の怪我や事故、要望は？

⇩利用事業所の苦情窓口、施設長。賠償保険で医療費などの保障も可能。

◆苦情を直接言いにくいときは？

⇩包括担当者やケアマネジャーに相談。

◆包括担当者やケアマネジャーへの要望、苦情は？

⇩所属事業所の苦情窓口、所長・管理責任者。

◆右の方法で解決しないときは？

⇩指定を管轄する市町村の介護保険窓口。

◆担当の市町村で解決しないときは？

⇩都道府県の国民健康保険団体連合会（国保連）の苦情窓口、居住地の消費生活センター。

〈リスク回避*check*⑦〉

ビギナーの間違いアルアル。介護保険のこれホント？ウソ？

次の10の文は、「ウソ」×、「ホント」○ !?

①介護サービスは、保険証を持っていればすぐ使える。	○	×
②介護サービスは、住民票のない市町村でも使える。	○	×
③介護サービスの手続きは、個人情報保護のため、本人と家族しかできない。	○	×
④介護保険サービスは、65歳以上でないと使えない。	○	×
⑤介護サービス利用料の自己負担は所得で変わる。	○	×
⑥介護サービスのメニューは、全国同一とは限らない。	○	×
⑦介護サービスは、所得によって保険で使える利用限度額が決まっている。	○	×
⑧介護サービスの料金は、地方のほうが安い。	○	×
⑨特養の申し込みは、原則要介護3以上。	○	×
⑩介護度が一番重いのは、要介護5。	○	×

回答：①（説明61頁）・③（同頁）・④（65頁）・⑦（66頁）が×。各10点で50点以下は赤信号。各頁の詳しい説明を再確認しておけば安心。

不安・その5◇介護と医療のお金

「介護費用と医療費、いくらかかるか不安…」最期までお金は足りる？　足りなくなったらどうする？

●ほかの人は介護にいくら使っている？

「介護に月々どのくらいお金を使いましたか？」。多くの介護経験者に質問したことがあります。すると1か月、数千円から何と数十万円まで結果は千差万別。民間の統計では、在宅介護費用の平均が6・9万円、中央値は4・4万円というデータがありますが、これも目安にしかなりません。

なぜなら介護費用は介護度が重く、認知症があれば増えます。さらに主たる介護者の有無、医療費、食事内容、おむつ使用の有無、同居か別居か、交通費などによっても大きく変わってくるからです。経済的ゆとりにも左右されます。まして総額となると介護期間で大違い。仕事をしながらの介護は、アウトソーシングが増えるので押しなべて膨らみます。

でも心配無用。私は仕事をしながら両親二人の同時介護でしたが、結果的には父のごく平均的な厚生年金と母の年間24万円というスズメの涙のような国民年金で、16年間の介護を何とかやりくりできました。それは後述する軽減策や還付手続きをもれなく活用したお蔭です。

巷で目にする「介護費用は一人500万円必要」といったビックリ見出しに、「仕事を辞めて自分が介護したほうが安上がり？」なんて思わないことです。お金で選択肢は増えますが、なくてもやれる方法はあるからです。あとはその情報を持っているかいないか。情報がなければお金を活かして使うこともできません。

それに仕事を辞めたら、介護どころか自分の将来も成り立たなくなります。私はこれまで、介護離職者の「こんなはずでは」、「自分はこの先どうなる」…、後悔や先の見えないイラ立ち、共倒れの悲しい例をたくさん見てきました。もうこれ以上増やしたくないのです。

●親孝行のつもりで離職。その結末は？

40代のメーカー勤務の男性は、両親と同居のシングル。父親ががんで他界し、その後、母親も脳卒中で入院。心やさしい彼は、「せめて母の介護には悔いを残したくない」と、上司の慰留を振り切って離職。介護福祉士の通信講座を受講しながら、熱心に介護を続けていました。彼からの近況メールや母の車いすを押す写真入り年賀状が途絶えたのはそれから5年後のこと。気になり訪ねてみると、彼のお姉さんと出くわしました。聞けば、「弟は昨年末に亡くなりました。認知症の母が何もわからないのがせめてもの救いです」と涙をぬぐいながら言います。彼がアルコール依存症と合併症で入退院を繰り返していたと、そこで初めて知りました。
思えば、彼のメールには、「親の年金頼みの暮らしは思った以上に大変」、「慣れない料理を頑張っています」、「仕事を辞めたので、介護はできるだけ自分の手で」、「ストレスが溜まると、ついお酒の量が増えて困りもの（笑）」…と、不安や自戒の言葉が増えていました。精神的に追い詰められ、手近なお酒が彼の唯一の息抜きに。母のために良かれと選んだ離職の先に、こんな結末が待っていたとは…。どんなに心残りだったことでしょう。

脱！介護離職のツボ⑳

「無期限、無報酬の介護労働は共倒れのもと」

●介護サービスの値段はいくら？

介護サービスには、国が決めた公定価格（介護報酬）がついています。たとえばヘルパーの家事援助を20分以上45分未満利用すると183単位、これに10円を掛けた1830円がいわゆる定価です。自己負担が1割なら183円ということになります。が、実際はそう簡単ではありません。なぜなら事業所の所在地域やサービスごとに掛ける金額が10円とは限らず、時間帯（夜間・深夜）加算や介護人材の処遇改善の取り組み加算など、事業所ごとに複雑な項目が足したり引いたりされるからです。デイサービスに至っては定員規模やサービス提供時間、介護度などでも変わり、1回の値段は3千～1万5千円以上と大差があります。さらにやっかいなことに、この定価は3年ごとの改訂で見直され、国が増やしたいサービスは上げ、逆は下げるなど、政策的な誘導が行われます。

というわけで、こんな複雑な計算は私たちの出る幕ではありません。ケアマネや包括職員の専門分野。私たちはケアプランに示された費用見積をチェックし、「希望を予算内で最大限実現するにはどうしたらいいか」、プロの知恵を借りることです。

大切なのは、費用が膨らんでも必要サービスは削らないこと。介護費用が節約できても、介護者が倒れ、仕事が続けられなくては意味がありません。介護サービス費用には、あとで説明する軽減策（89頁参照）がいろいろあります。サービスを減らす前に、「受けられる負担軽減策はないか？」、確認することが第一です。

脱！介護離職のツボ㉑

「サービス価格は超複雑、費用管理はプロを活用」

【介護サービスにプラスされる支払項目】

介護サービスを利用したとき、支払うのは保険で補てんされる「介護サービス利用料」だけではありません。実際は次の2～6の費用がかかります。これが結構大変です。

1　**介護サービス利用料（基本利用料＋各種加算）の1～2（3）割負担**

＋

2　**食費**　通所介護、短期入所の昼食・おやつ代。施設入所の三食代。施設ごとに違う。

3　**居住費、滞在費**　施設入所（居住費）や短期入所（滞在費）の水光熱費や部屋代。

4　**日常生活で必要となる費用**　理美容代、教養娯楽費（アクティビティ材料費やレクリエーション参加費）、私物の洗濯代、入所預り金出納管理費、インフルエンザ予防接種代など。

5　**おむつ代**　通所介護や（看護）小規模多機能施設、グループホーム、民間の介護付きホームの使用おむつ代実費。

6　**特別なサービス**　利用者が希望した特別食や特別室代など。

※次頁のような様々な軽減策があります。活用を！

●ショートステイの食事代や水光熱費、保険外の支払いが大変

ショートステイは、食事代や滞在費（部屋代や水光熱費）は全額自己負担。それも各施設で違います。高いからいいとは限りません。たとえば個室を利用すると、1日2千～3千円。当初は無料だった4人部屋が今では1日370円や840円かかります。そこで軽減対策は、

1　食費や居住費（滞在費）を比較して決める。利用先で違うことを前提に、ケアマネや包括職員に料金を確認。

2　利用を個室から4人部屋に切り替える。

3　「介護保険負担限度額認定証」の申請。短期入所と施設入所の食費と居住費（滞在費）は、所得で支払う上限が決められています（表4）。ケアマネや包括職員に確認して手続きをする。

脱！介護離職のツボ㉒

「軽減制度を必ず確認。申請なくして軽減なし」

表4　利用者負担段階区分ごとの費用負担額

利用者負担段階区分	対象者	1日あたりの居住費（滞在費）				1日あたりの食費
		ユニット型個室	ユニット型準個室	従来型個室	多床室	
第1段階	・住民税世帯非課税の老齢福祉年金受給者 ・生活保護受給者	820円	490円	490円 320円	0円	300円
第2段階	・住民税世帯非課税で合計所得金額および年金額の合計額が年間80万円以下の方	820円	490円	490円 420円	370円	390円
第3段階	・住民税世帯非課税で第1・第2段階に該当しない方	1,310円	1,310円	1,310円 820円	370円	650円
基準費用額	・非該当（食費・居住費は軽減されません）	1,970円	1,640円	1,640円 1,150円	370円 840円	1,380円

従来型個室の各利用者負担段階別金額および多床室の基準費用額の上段は、医療施設（介護老人保健施設・介護療養型医療施設・短期入所療養介護・介護予防短期入所療養介護）の各サービスを利用した場合の負担額を表示し、下段は、福祉施設（介護老人福祉施設・短期入所生活介護・介護予防短期入所生活介護・地域密着型介護老人福祉施設入所者生活介護）の各サービスを利用した場合の負担額を表示している。

「基準費用額」とは、居住費や食費について国が施設における平均的な費用などにより定める標準的な金額。具体的な利用者負担金額は、各施設により異なる場合がある。

年金収入額には、遺族年金・障害年金などの非課税年金も含まれる。

軽減対象は、住民税世帯非課税（世帯分離した配偶者も住民税非課税であること）。預貯金、有価証券等の金額が一定以下（単身1千万円、夫婦合計2千万円以下）。

通所介護の食費は対象外。

【介護費用の上手な節約ワザ】 サービス量を減らさずに、支払いを減らすには？

◆「介護度」を見直す　介護度が高いと通所系サービスや施設サービス料は上がります。状態が改善したら「区分変更申請」で見直しを。

◆「加算」の再チェック　介護サービス料金は、専門職の割合や重度者受け入れ、事業所規模など様々な加算で高くなります。不要な加算のある事業所は変える。

◆「食費、居住費（滞在費）」の比較と「介護保険負担限度額証」の申請　90頁参照

◆事業所の「所在地」を再チェック　事業所所在地で地域加算は変わります。

◆「サービス実施地区」確認　事業所にはサービス実施地域が決まっています。地域外は交通費や送迎費用が別請求になります。

◆介護サービスの「消費税」をチェック　福祉用具レンタルや購入では消費税が付く商品と付かない商品があります。また住宅改修、サービス実施地域外交通費、介護付き民間ホームやグループホームの居住費や共益費には消費税が付きます。トータル費用の確認を。

●利用料負担が2割に増加。支払いが大変

当初は全員1割だった自己負担が、所得によって2割負担になり、2018年8月からはとうとう3割負担が登場。年金控除などを引いた合計所得が160万円以上が2割負担（年金だけだと所得が単身で280万円以上、夫婦2人で346万円以上が該当）。政府は「現役並み所得者」と言いますが、納得できない人は多いはず。特にボーダーラインで2割になった人は大変です。そこで知っておきたいのが、表5「高額介護サービス費の自己負担限度額」。1か月の自己負担上限が所得ごとに決められ、超えた分は申請するとあとから払い戻されます。世帯合算も可能です。

●サービス利用量が増えて支払いが大変。仕事を辞めて介護するしかない？

サービス利用が66頁・表1の限度額を超えると全額自己負担となるので、「その支払いが大変で仕事を辞めて介護した」と言う人が結構います。でも諦める前にやってほしいのが「区分変更申請」。介護認定の有効期間は3か月〜最長で3年までありますが、その間いつでも介護度を見直す申請はできます。再認定で介護度が上がれば、サービスの利用限度額も上がり、サービス費用が限度内に収まる可能性は大。ケアマネや包括に相談を。

表5　高額介護サービスの自己負担限度額

	自己負担限度額（月額）
現役並み所得相当（※）	44,400円
一般	（2017年8月から） 37,200円 ⇒44,400円 ＋　年間上限額の設定 （1割負担者のみの世帯）［注］
市町村民税世帯非課税等	24,600円
年金収入80万円以下等	15,000円

※世帯内に課税所得145万円以上の被保険者がいる場合であって、世帯年収520万円以上（単身世帯の場合は383万円以上）

［注］1割負担者に対する年間上限額の設定

1割負担者（年金収入280万円未満）のみの世帯については、過大な負担とならないよう、年間の負担総額が現行の負担最大額を超えない仕組みとする(3年間の時限措置)。

年間上限額：446,400円（37,200円×12）

「全額自己負担が発生したら『区分変更申請』を」

●電動ベッドが高くてびっくり。買えないときはどうしたらいい？

電動ベッドは私も高くて手が出ず、手動式のベッド2台をリビングに並べて介護していました。

でも今なら心配無用。介護保険の認定が非該当（自立）以外なら、介護度に応じて表6の福祉用具がレンタルできるからです。レンタルすれば、費用負担は1～2（3）割で搬入代、組み立て代、アフターサービス代もすべて含まれます。途中で状態が変われば、電話1本で機種交換も返品もできます。私は看取り後、買った2台のベッドの処分に困りましたが、そんな心配もありません。

福祉用具レンタルは、あらかじめケアプランに入れることが必要です。レンタル先は包括かケアマネに紹介を依頼。そこで大事なポイントがあります。レンタル業者を複数紹介してもらうこと。なぜなら同機種の電動ベッドでも1か月数千円～数万円と、業者ごとにレンタル料が違うからです。

表6　介護保険の福祉用具レンタル品目

	福祉用具貸与
対象品目	・車いす（付属品含む）　・特殊寝台（付属品含む） ・床ずれ防止用具　・体位変換器 ・手すり（※）　・スロープ（※） ・歩行器（※）　・歩行補助つえ（※） ・認知症老人徘徊感知機器 ・移動用リフト（つり具の部分を除く） ・自動排泄処理装置

要支援、要介護１は原則※印。それ以外の福祉用具は医師の意見や担当者会議の合意を市町村が確認すればレンタル可能。

さらにレンタルには保管、消毒、アフターフォローがつきもの。レンタル業者に機種選定を依頼すると専門相談員が来て見積もりをするので、そのとき「消毒はどうしていますか」、「アフターサービスは？」と併せて確認を。安くても消毒をしないで使い回し、マットレスは何年間も交換なしでは困ります。

脱！介護離職のツボ㉔

「福祉用具のレンタルや購入代は業者で違う。いくつか比較検討を」

【介護保険で買える介護福祉用具】

ポータブルトイレやシャワーチェアー（入浴用いす）など、レンタルには抵抗がある福祉用具は、総額10万円まで介護保険で買えます（表7）。自己負担はその1～2（3）割。ただし、事前にケアプランに盛り込み、指定を受けた「特定福祉用具販売店」で、「対象品目」を買うのが条件。勝手に買うと全額自己負担。事前にケアマネや包括に相談すること。知らないと損をします。

表7 **介護保険で購入できる福祉品目**

	特定福祉用具販売
対象品目	・腰掛便座（ポータブルトイレ他） ・自動排泄処理装置の交換可能部品 ・入浴補助用具（入浴用いす、浴槽用手すり、浴槽内いす、入浴台、浴室内すのこ、浴槽内すのこ、入浴用介助ベルト） ・簡易浴槽 ・移動用リフトのつり具の部分

●住まいのリフォーム費用が心配なときは？

介護には住まいのリフォームがつきもの。私も体が不自由になった父のために、実家の

表8　介護保険の対象になる住宅改修と支給限度基準額

住宅改修の種類

（1）手すりの取り付け
（2）段差の解消
（3）滑りの防止および移動の円滑化のための床または通路面の材料の変更
（4）引き戸等への扉の取り替え
（5）洋式便所等への便器の取り替え
（6）その他前各号の住宅改修に付帯して必要となる住宅改修

支給限度基準額

２０万円

・要支援、要介護区分にかかわらず定額
・ひとり生涯２０万円までの支給限度基準額だが、要介護状態区分が重くなったとき（３段階上昇時）、また、転居した場合は再度２０万円までの支給限度基準額が設定される。

トイレと浴室の一部を改修し玄関と廊下に手すりをつけました。その費用は80万円を超えましたが、障害者手帳で自治体の補助を受けたお蔭で大半戻ってきたので助かりました。

今は介護保険の認定を受けると、対象工事（表8）は総額20万円までは1～2（3）割負担で行え、あとからお金が戻ります。ただし事前にケアマネや包括、市町村担当による改修「理由書」が必要です。また各市町村の「登録事業者」を使えば、初めから利用者負担分だけの支払いで工事が可能。さらに20万円を超える工事には、多くの市町村で独自の補助があります。

所得制限があるので改修前に併せて確認を。

脱！介護離職のツボ㉕

「リフォームは20万円まで介護保険で可能。事後申告は無効」

●高齢期の医療費はいくらかかる？

医療費もダブルでかかるのが介護。病院の窓口だけでなく調剤薬局で払う薬代も必要。「ああ、いったいいくらあれば？」と不安になります。追い打ちをかけるのが国の統計数字。生涯医療費平均は２千４００万円（男性２千３００万円、女性２千５００万円）。それも70歳以上でほぼ半分を使うといいます。そんなお金どこにあるのでしょう。私も両親の同時介護で不安になりました。

でも杞憂でした。統計数字が本当としても、自己負担はその1割で、自己負担には上限もあります。入院中の支払いは高額になりましたが、病院の相談室で聞くと、軽減制度（１０２頁）が結構ありました。「案ずるより聞くが易し」です。

「医療費も、軽減制度を知っていれば楽になる」

●医療費の値段はどこでも同じ？

保険医療を受けたとき私たちが払う金額は、２年ごとに国で見直される「診療報酬点数表」をもとに計算されます。病院で受け取る「診療明細書」にある初診料２８２点や再診料72点が報酬点数で、10円を掛けると実際の金額になります。

国が決めているなら治療代や薬代はどこでも同じ？　と思いきや違います。たとえば、入院は病院によって支払方式が違います。「出来高払い」と「包括払い」、「診断群分類別」（ＤＰＣ）があり、出来高払いとは、行った治療や検査をそれぞれ合計する方式。包括払いは、病気ごとに一般的な投薬や点滴、検査、画像診断などをひとまとめにして、どれだけやっても支払額が変わらない方式。「まるめ」とも呼ばれます。

診療群分類別は、病名ごとの包括払いを基本に、手術料や上乗せの医療、薬剤は出来高払いを併用する方式。さらに高度医療体制（特定機能病院）や病床数、急性期か慢性期か、看護師割合、救急対応、リハビリ、地域医療連携の有無など、細かい違いで支払額は変わってきます。

通院は、出来高払いが基本ですが、紹介状の有無や救急、夜間帯、予約対応や在宅診療体制の有無でも支払額が変わります。

薬も同様で、今は医薬分業を促すために院外処方箋の報酬が高く設定されています。また同じ薬局でも処方箋の取り扱い数やジェネリック割合、薬剤在庫、開局時間、24時間連絡体制、かかりつけ薬剤師、お薬手帳持参の有無でも支払額は変わります。

というわけで同じ病気でも、同じ薬を処方されても、かかる病院や薬局によって払う金額は違うのです。そうとわかっても事前に比較できないのが医療費のつらいところ。患者レベルでできる対策は限られますが、次のカコミを参考に賢い患者になりましょう。


【医療費節約の裏ワザ】

1 診療明細書をよく見て、受けた検査や処置と間違いないか確認。疑問点は遠慮しないで窓口で聞くこと。
2 診療明細の点数に10円を掛けて総額を把握する。

3　200床以上の病院は、救急以外は紹介状がないと初診料500〜1万円が保険外でかかる。病院によって初診料が違うので確認を。

4　500床以上の大病院や大学病院では、救急以外は紹介状を持っていく。ないと最低5千円、歯科は3千円以上の初診料を取られる。再診も2千500円。紹介状（診療情報提供書）は1通250点で保険が効く。

5　高くなる時間帯は控える。時間外や休日診療は加算が85〜480点もかかる。

6　同病院で2科目の診療を受けるときは同一日に。初診料が安くなる。

7　ドクターショッピングをすると、そのたびに初診料がかかる。

8　医師に院内処方箋が可能か聞いてみる。院外処方より安くなる。

9　代替えのジェネリック医薬品を医師や薬剤師に相談する。

10　薬局には「お薬手帳」を持参。ないと調剤の管理指導料が50点。あれば38点。

11　調剤薬局を変えて、料金や説明のわかりやすさを比較してみる。

12　処方箋は一つの薬局にまとめる。分けるより安く、重複投与が予防できる。

●お金のことは聞きにくいけれど、どうしたらいい？

介護や医療の軽減制度は、所得に限らず使えるものと、「低所得者向け」、「住民税非課税」が条件になるものがあります。所得がからむので私も当初ためらっていました。でも取材していて軽減策を上手く活用しているのは、本当に必要な人より、情報が入手しやすい、いわゆるお金持ちに多いと実感しました。まして本当に必要な人が制度を聞くのに何の遠慮がいりましょう。聞かなければせっかくの制度が無になります。病院の相談室やケアマネ、包括の担当者も「実はこちらからは言いにくいので聞いてもらうとありがたい」と言います。以来、私も「何か軽減策はありませんか？」とダメもとで聞いては手続きをマメに。お蔭で、両親の介護費用も何とかやりくりできたというわけです。

たとえば知っていますか？　6か月以上寝たきりで食事・排泄等の日常生活に支障があると、見なし障害者として「障害者控除認定証」が発行されます。それだけで住民税は30万円、所得税は40万円が所得から控除できます。「見栄は捨てて実恵（実の恵み）を取れ」です。

脱！介護離職のツボ㉗

「預貯金に代わる情報貯蓄。聞くだけでどんどん貯まる」

●入院中の食事代が大変。どうしたらいい？

入院中の食事代は1食640円。うち保険外自己負担は260円。それが360円になり、二〇一八年度からは460円に。また65歳以上では、療養病床へ入院すると食事代の自己負担が1食460円、居住費（光熱水費）が一般ベッドでも医療必要度が低いと1日370円かかるようになりました。食事代だけでも1か月4万円以上。そこで覚えておきたいのが、「入院時食事療養」や「入院時生活療養」という軽減策。詳しくは病院の相談室や医事課、加入健康保険窓口に問い合わせを。

●長期入院で自己負担が増える？

案外知られていませんが、一般病院では180日以上の入院は、入院基本料の15％が保険外の患者負担になります（180日ルール）。病院によって額は違い、私は月額6万円ほど一気にアップして驚いたことがあります。転院しても同じ病気やケガは通算されるので要注意。対策としては3か月以上間を空けるか、介護施設を挟むと、次の入院は新規扱いになります。難病や透析、人工呼吸など180日ルールが適用されない治療もあるので病院側に確認を。もともと長期入院のための療養病床にはこのルールはありません。本当に複雑ですが、予備知識があればあわてません。

「年齢と所得で変わる軽減策。聞けば開ける道がある」

【医療費・介護費用の軽減制度】

医療費や介護費用の軽減につながる制度は、探せばたくさんあります。ただ内容や条件が頻繁に変わるので、次のキーワードを糸口に、最新情報を病院の相談室や医事課、健保窓口、ケアマネ、包括、市町村高齢福祉課、障害福祉担当に確認を（㊹＝介護保険関係、㊩＝医療費関係）。

・**高額介護サービス費の支給**（91頁）㊹
・**負担限度額軽減制度**（食費・居住費の軽減制度）（88頁）㊹
・**社会福祉法人の利用者負担軽減**㊹
・**高額療養費制度**（限度額適用認定証・世帯合算・多数回該当・同一人合算）㊩
・**特定疾患（難病）自己負担限度額**㊩
・**入院時食事療養**（入院時の食材料費・標準負担額減額認定証）㊩

・入院時生活療養（居住費＝光熱水費相当・標準負担額減額認定証）㊩
・無利子貸与制度 ㊩
・高額医療、介護合算療養費制度 ㊩・㊉
・医療費控除（介護サービスにも対象品目あり）㊩・㊉
・セルフメディケーション税制（医療費控除の特例）㊩
・障害者（保健福祉）手帳 ㊩・㊉
・障害者控除（特別障害者控除・障害者控除認定証）
・自立支援医療（身体障害・精神通院医療・認知症など）㊩
・精神障害者入院援護金 ㊩
・訪問看護療養費 ㊩
・負担増の激変緩和の特例減額措置 ㊩・㊉
・災害などによる利用者の減免 ㊩・㊉
・生計が困難な方の軽減制度 ㊩・㊉
・特別障害者手当
・傷病手当
・障害年金
・生命保険（高度障害保険金・介護特約・入院給付金・重度障害免除）

不安・その6◇遠距離介護

「遠くの親の介護が不安…」呼び寄せたほうがいい？　同居しないと仕事は無理？

●離れている親が歳をとってきたら、どうすればいい？

働きながらの介護で距離は大きな不安材料。離れていればいるほど、親の「Xデー」が脅威になるものです。そんなとき心がけたいのが「介護予知」。介護はある日突然始まるように見えて、実は徐々に忍び寄るもの。その予兆を少しでも早く見つけて手を打てば、介護が必要になる期間や介護に通う回数を減らすことにつながります。

まずは親が75歳を過ぎたら、立場が逆転すると頭を切り替えましょう。「親が子を気遣う」から、「老いゆく親を子が気遣う」へ。親との連絡を前より密に、帰省時には親のプライドは配慮しつつ〈リスク回避check②〉（28頁）で意識的に親の姿を観察。予告なしで突然帰省して、普段の姿を見ることも有益です。住み慣れた土地で、子どもの世話にならず、少しでも長く暮らし続けられるのは、親御さんにとっても幸せにつながります。

もしも気になる兆候があれば準備開始。帰省時に担当包括を訪ね情報収集。包括では、重介護にならず少しでも長く自宅で暮らせるように、「介護予防事業」を行っています。

包括と連携をとりながら様子を見ていけば、離れていてもイザというときあわてません。

●親が郷里を離れたがらないときは？

「自分たちは郷里に戻る予定はないし、早めに呼び寄せたほうがいいのか？」、「でも、うちの親は田舎を離れたがらない。どうしたら？」…、講演会でもよく質問を受けます。子としての責任感や近くにいれば安心と思う気持ちはわかります。が、まずは親の気持ちに耳を傾けるのが第一。高齢期に住み慣れた土地を離れるリスクは予想以上にあるものです。

良かれと思った呼び寄せで、郷里では元気だった親が、知り合いもなく閉じこもりがちになった、慣れない道で交通事故を起こした、認知症が出た、うつになった、家族関係が悪くなった…。「こんなはずでは」という例をたくさん見てきました。

実は一人っ子の私も「離れているのは親不孝かしら」、「一緒に暮らせば目が届く」と、同居を考え家探しをしたこともありました。結局条件が整わず最後まで通い介護でしたが、思えば16年間介護が続けられたのは離れていたお蔭。同居していたら、親のつらそうな姿に仕事に行くのが忍びなく、かといって辞めてそばにいれば、目に付く、手が出る、きりがない…。逃げ場のない袋小路に追い込まれ、間違いなく共倒れしていたと思います。目が届けば届くほど、介護は際限がなくなるものと痛感します。

〈リスク回避*check*⑧〉

にわか呼び寄せ、同居の落とし穴、知っていますか？
決断前に次の確認を！

□何より本人が望んでいるか？

□新しい土地に慣れることは可能か？

□新しい住まいに慣れることは可能か？

□一人で行き来できる範囲に友人や知人、親戚はいるか？

□起床就寝など生活パターンに無理はないか？

□嫁姑、孫、新しい人間関係がギクシャクしないか？

□かかりつけ医の目星は付いているか？

□畑仕事などの役割、居場所はあるか？

□お墓の管理は大丈夫か？

□味付け、食生活はなじめそうか？

□趣味は継続できるか？

□夫婦、家族間の了解は取れているか？

気になる点はお互いによく話し合いを。不安が多いときは早まらず、近隣のサ高住（152頁）などでお試しをするのも手。

●離れているのは親不孝?

呼び寄せ同居に踏み切ったケースをいろいろ取材したことがあります。はた目には幸せそうな親御さんたちから「娘の家族には感謝しています。でもね、リビングから聞こえてくる笑い声をここで聞いていると、なんか無性にさびしくなるんですよ」。こんな言葉を幾度か聞きました。聞こえなければ、見えなければ我慢できる孤独も、近ければこそつらくなる。それが人間というものです。「一つ屋根の下の孤独」は残酷です。遠距離介護は必ずしも親不孝ではありません。離れて互いに思いやる良さもまたあるのです。

親御さんに「郷里を離れたくない」と言われたら、勤務先の介護支援制度を確認し、地元の見守りや介護体制をマネジメント。距離感を活かしながら親の生き方を応援するのも親孝行の一つです。そして最期の看取りは、感謝を込めてできるだけ傍らに。「今までよく頑張ってくれたね。もう一人で頑張らなくてもいいんだよ」、そんな思いを伝えながら…。

脱!介護離職のツボ㉙

「遠距離介護は親不孝にあらず」

●緊急入院で遠くの親元に駆けつけたとき、何をする？

「お父さんが救急車で運ばれた。すぐ来て」、突然の連絡で飛行機に、新幹線に飛び乗る。見えない不安に駆られながら始まる遠距離介護。仕事をやりくりして捻出したわずかな滞在中に是非やって帰りたいのが次のカコミ。病状や滞在可能日数に応じて取捨選択を。遠距離介護はまだ片親が残っているときが肝心。元気だからと任せきりにせずプチ参加しておくと、あとあと必ず助かります。

【遠距離の親元に駆けつけたとき、やるべきこと】

◆遠距離入院でまずやるべきこと

1　**きょうだい、親子、夫婦、親戚と話し合いキーパーソンを決める**　実の子で親元に近く、時間的にゆとりのある人、親との関係がいい人がベター。医師や介護・福祉関係者との対応、緊急時の決断の一任など役割分担。

2　**主治医に確認したいこと**　治療計画、家族の同意が必要となる事態、遠距離・仕事など家族側の実情、緊急連絡方法の確認、入院期間の見通し、その後の受入先。

3　**病院で確認したいこと**　入院費用の支払い方法、洗濯物など不在中の段取り。看護師長や相談室・医事課などに相談。

4　**お世話になった人へのお礼とお願い**　不在中のお礼と報告。今後の連絡先やお願い。

5　**地元で頼れる人の目星**　不在中のお世話や連絡を取ってくれる人。隣人・友人・包括など。

6　**入院中、空き家になるとき**　回覧板・新聞の中止連絡、郵便物の確認、長期になるなら転送手配、貴重品の保管、公共料金の支払い確認、防犯。

7　**残った片親のケア**　必要に応じて食事の手配（118頁）や見守り体制を整える。

◆介護に備え、滞在中にやっておきたいこと

1　**主治医と面談**　認知症の有無、障害の程度、障害者手帳の申請。

2　**地域包括支援センターに相談**　利用できるサービス把握、介護保険の申請手続き、遠距離介護のサポート協力、在宅介護が無理なときの施設情報（146頁〜）

3　**ケアマネジャーの目星**　包括でリスト入手。情報収集（70頁）

4　**近所、民生委員、町内会長に挨拶**　地元介護情報の収集、緊急時の連絡先交換、見守りのお願い。

5　**警察、駐在所に挨拶**　空き家や独居の防犯、連絡方法の相談。

「離れているほど一人目の介護にプチ参加」

●親元に通う交通費が大変

遠距離で悩ましいのが交通費。他の人はどう捻出しているのでしょう？　多くの介護者に聞いたことがあります。８割以上が「親の年金や預貯金」からでした。毎月４万円、７万円、中には何と20万円…。「トータルで四百万円近くかかり、相続で実家を処分しやっと補てんした」という人も。「使途を明確に記録しておかず相続でもめた」という人もたくさんいました。

親のお金を使うときは、あらかじめ親名義で介護経費専用通帳をつくり、交通費や手土産代などはそのつど何十何円まできっちり払い出すと明快。

とはいえ親の資金も限界があります。介護帰省に利用できる交通費の節約法は次の通り。究極の交通費節約法は行く回数が減らせること。その秘訣はまたあとで（１１４頁）。

【交通費の節約法】

◆**飛行機**　航空各社の「介護帰省割引」や「介護割引パス」を利用。当日でも35～40％の割引。対象は要介護、要支援と認定された人の「二親等以内の親族」と「配偶者の兄弟姉妹の配偶者」、「子の配偶者の父母」。あらかじめマイレージカード登録や介護帰省パスを作成。詳細は日本航空、全日空、スターフライヤー、ソラシドエア各航空会社へ。格安なLCCには介護割引制度がないので、期間限定の格安キャンペーンや最低価格保証の確認を。

◆**列車**　新幹線やJR各線には介護割引はありません。一般割引の「ジパング倶楽部」や「EX予約」（エクスプレス予約）、「e5489（ゴヨヤク）」が利用できるかJR各社に確認を。

ジパング倶楽部　全国のJRを、片道、連続、往復で201キロ以上利用の場合、年間20回まで切符が最大で3割引。ただし対象は男性満65歳以上、女性満60歳以上、夫婦はどちらかが満65歳以上。年会費あり。新幹線「のぞみ」、「みずほ」など対象外もあり。

EX予約　出張で利用している人もいるでしょうが、東海道や山陽新幹線料金が通常より割安で、変更が何度でも手数料なしで可能。利用には各社の専用クレジットカードに入会か、持っているクレジットカードにEX予約機能をプラスすることが必要。年会費が利用カードによってかかります。

e5489　JR西日本、四国、九州の特急列車や山陽、九州、北陸新幹線を利用する場合、JR

西日本のクレジット会員登録などで切符が割安に。予約変更が何度でも無料。予約、変更はネット経由で切符は窓口で受け取って乗車。カードによって年会費あり。

私鉄　介護割引なし。キャンペーン割引の確認を。

◆高速バス　長時間移動と不眠で体調をこわした経験者が少なくありません。介護者が倒れては元も子もないので使い分けを。

脱！介護離職のツボ㉛

「移動中は車窓を楽しみ、ときに途中下車して気分転換」

●遠距離介護成功者の共通点は？

仕事と遠距離介護を淡々とこなしている強者たちがいます。彼らに共通するのは「ご当地ネットワーク」を上手につくっていること。たとえば東京から名古屋へ遠距離介護をしている銀行マンの男性（50代）は、親元へ隔週で往復。日曜日と金曜か月曜をつなげて行き、必ずヘルパーやケアマネと会っていました。「ヘルパーさんから気づいたことを聞き、必要ならすぐケアマネに伝えてケアプランを書き換えてもらいます」と。神奈川から長野に住む母親のもとへ通っている一人っ子の40代女性（公務員）は、ケアマネと頻繁にメールをやり取り。「ケアマネからの連絡には忙しくてもすぐ返事を打ち、緊急時は1か月3万円オーバーまでは私の了解なしでケアプラン変更をお任せしています。お蔭で母が脱水症で発見されたとき、即、緊急ショートステイを手配してもらい難を逃れました」と。

介護は一人では続きません。遠距離介護はなおさら。現地の専門職に自分に代わる目や手になってもらうことが欠かせません。その大前提が信頼関係。信頼が築ければ電話やメールで事足りることが増えてきます。仕事も介護も基本は同じだとつくづく思います。

また、45歳を過ぎたら故郷の同窓会に意識して出席しましょう。「竹馬の友がケアマネでした」、「介護施設にいて力になってくれた」という人が結構います。介護が縁で昔の友人関係が復活、「退職後は思い切って郷里に帰ることにした」と語る人もいました。地元でのネットワークは遠距離介護の支えのみならず、介護者の新たな出会いも秘めています。

脱！介護離職のツボ㉜

「遠距離介護の秘訣は、地元のネットワークづくり」

【遠距離介護成功者の秘訣】

1 自分に代わるプロの味方を親元で見つけている。
2 頼りにする地元の介護キーパーソンと連絡を密に取っている。
3 ケアマネに裁量権を与え、動きやすいように配慮している。
4 地元のキーパーソンには24時間ＯＫの連絡先を伝えてある。
5 現場からの依頼には迅速に誠実に対応している。
6 お金の管理を明快にしている（認知症で「取った」、「取られた」はトラブルのもと）。
7 プロからアドバイスを受けたら、決断や実行のタイミングを逸しない。
8 万一のとき連絡できる医師を見つけている。
9 緊急、救急時の手順を地元のキーパーソンとあらかじめ決めている。
10 ご近所といい関係を心がけている。
11 サービス担当者会議にはできるだけ参加して、顔の見える関係を心がけている。
12 毎月ケアマネと会って、ケアプランの見直しをしている。
13 いつも一歩先を見て行動している。
14 万一の不慮の出来事や事故は、同居していても防ぎきれないこと、と腹をくくっている。

●親を残して海外赴任や遠くへ転勤。どうしたらいい？

最近は転勤内示で、「親の介護で転勤できない」と打ち明けられ、人事があわてるケースが増えています。中でも究極の遠距離介護といえば海外赴任。かつては海外から妻が夫の親元に単身介護赴任。あげくの果てに介護離婚という話をよく耳にしました。少子高齢化が進む今は、頼りの妻も「働く娘の孫の世話で忙しい」、「自分の親ががんで夫の親まで手が回らない」。きょうだいは、「遠くに転勤」、「弟は共働きで単身赴任中」など事態は一層深刻です。そんな転勤族の介護自衛策は、ちょっと早めに手を打つに尽きます。

転勤族は親が75歳を過ぎたら、親が元気でも担当包括を調べてコンタクト。包括が行っている介護予防事業や地域の見守り支援、介護予防サービス情報を親に提供しつつ、地元と顔の見える連携づくりを心がけましょう。また介護サービスを遠隔マネジメントするには最低限の制度知識も必要です。介護保険（59頁～）や施設情報（149頁）にも目配りを。

脱！介護離職のツボ㉝

「転勤族ほど親元の介護情報に早めにアクセス」

【遠距離介護のお助けサービス】

◆NPO法人「海を超えるケアの手」（シーケア）　海外赴任や遠距離介護サポート。遠距離介護の相談アドバイスから、すぐ駆けつけられない家族に代わって、親元で専門職コーディネーターを手配し、必要な介護サービスや入退院、施設入所調整などを行う。03・3249・7231。mail@seacare.or.jp　http://www.seacare.or.jp

◆地域の見守りネットワーク　市町村ごとにつくられている地域ボランティアなどによる高齢者の見守りネットワーク。相談窓口は包括。

◆市町村の「日常生活自立支援事業」　離れた親の金銭管理をサポート。介護サービス利用援助・日常的な金銭管理・通帳など書類預かりサービスが三本柱。窓口は市町村社会福祉協議会。

◆IT活用の民間見守りサービス　センサー付き湯沸しポット・室内センサー・ガス使用状態・スマホの歩数アプリなどで離れた親の生活を穏やかに見守る有料サービス。包括やネット検索。

◆緊急通報サービス　緊急時にペンダント型の発信機などのボタンを押すと、消防への連絡や駆けつけなどを行うサービス。包括や民間警備会社など。市町村によっては費用の援助あり。

不安・その7◇親の独居

「親が一人暮らしになって不安…」
食事や入浴、火の不始末…、孤独死も心配？

●一人暮らしの食生活が心配なときは？

「一人暮らしになった父親が、ご飯も食べず酒びたり」、「父を看取った母が、ご飯をつくる気力がなくなって心配」。食事がおろそかになると高齢期は急速に介護リスクが高まります。働くあなたに代わって、栄養バランスだけでなく安否確認も兼ねられる食事サービスがいろいろあります。私もいくつか試食しましたが、私の作り置きよりずっとましかも…と思ったものです。お試しセットがあるので料金と味付けを試し、好みの合う業者を探しておくとあわてません。所得によって費用補助をしている市町村もあります。

脱！介護離職のツボ㉞

「食は一人暮らしの命綱。サービス利用で見守りと自立支援」

【一人暮らしの食事サービス】

◆**市町村の生活支援サービス**　介護保険の認定を取らなくても、配食やボランティアカフェ、会食会などを利用できる市町村が増えています。親元の包括に相談。

◆**民間の食材・弁当配達**　生協やコンビニ、食品メーカー、生産者団体、出前フーズ、居酒屋チェーン、介護施設や病院向け給食会社などが多数参入。咀嚼に応じた調理形態や減塩、カロリー制限食などもある。問い合わせは包括、ネット検索など。

◆**介護保険外の家事援助**　市町村のボランティアセンターやシルバー人材センターで家事援助の有償ボランティアを紹介してもらい、食事や見守りを依頼。

◆**介護保険の認定を取る**　自立以外ならヘルパーやデイサービス利用で食事が摂れる。

●一人暮らしの孤独死が心配なときは？

子として何よりつらいのは親の孤独死です。すぐ発見できないと一層悔やまれます。私も父が一人暮らしになってからは不安で、寝る前にこれから寝るという電話、「寝るぞコール」を毎晩してもらっていました。私が受けられないときは留守電に入れてもらっていましたが、声からその日の体調や気分まで伝わってきてとても役立ちました。民間の「緊急通報サービス」やメールのやり取りもいいですが、生の声の情報には及びません。「電話だと長くなるから」と言わず、たまには肉声のやり取りも。

最近増えている緊急通報サービスは、警備保障やタクシー会社を中心に民間が参入。親宅に設置した緊急通報ボタンを押すとセンターが対応し、救急車手配や駆けつけ確認を行います。毎日の定期的な安否確認電話、火災・防犯警報システム、室温管理の併用商品もあります。費用補助を行う市町村もあるので包括や各社に確認を。

【作っておきたい医療情報キット】

親が一人暮らしになったら、保険証やかかりつけ医の診察券、お薬手帳のコピーを、空きペットボトルなどをカットした中に入れ、**冷蔵庫に入れておきましょう。** 119番通報をしたとき、「医療情報は冷蔵庫にあります」と言うだけで、駆けつけた救急隊員が探し出してくれます。冷蔵庫の場所は、初めての家でも見つけやすいからです。こうした情報があると迅速に救急搬送ができるので、医療情報キットを独居高齢者等に配り、奨励する自治体も増えています。市町村に問い合わせてみましょう。取り組みの有無にかかわらず、事前に、娘や息子が親の医療情報キットを作成すれば、身体の様子もわかり、病院に駆けつけたときも困らないので一石二鳥です。

●入浴、火の元、家庭内事故が気がかりなときは?

一人暮らしの家庭内事故は後を絶ちません。「電球を変えようとして踏み台から転落したのが介護の始まりでした」、「ボヤ騒ぎ。畳にたばこの焼け焦げが」、「帰宅して、お風呂場で倒れている父を発見したときは足がすくみました」…。住み慣れた家の中にも危険はいっぱい。私の母も入浴中、浴槽で溺れ九死に一生を得ました。今でもその夢を見て飛び起きることがあります。こうした家庭内事故はあらかじめ予防できることが多いものです。

生死にかかわる入浴は、元気でも高血圧など持病があるときはスポーツジムや銭湯など人目がある入浴を勧める。自宅浴室に緊急通報装置をつける。脱衣室と浴室の温度差を減らす。高齢になってきたら早めに介護認定を受け、デイサービスなどで入浴をする。

一人暮らしでは火災も心配。寝たばこ、ガスの消し忘れ、調理中の衣服への引火、仏壇のろうそくなどが主な原因です。火の元を電子レンジや電気ポット、オイルヒーター、ホットカーペット、電気ろうそく、電気蚊取り器などへ買い替え、コンセントのホコリをはらい、防火エプロンなどで予防。禁煙治療を勧め、吸うときは水で消す灰皿を用意。

また室内での転倒、骨折は寝たきりへの第一歩。歳をとると本人が思っているほど体は動かず危険な動作が増えてきます。そこは子世代がちょっと危険回避の気遣いを。転倒予防は先手必勝です。実家は大丈夫ですか？　さっそく手を打ちましょう。

【転倒予防対策】

◆**つまずく**　小さな段差ほど危険。敷居・カーペットやマットのへり、布団・座布団・家具のでっぱり、電気コード、浴槽の縁、庭の敷石など。

◆**滑る**　フローリング、カーペット・マット、足元に散らばっているビニールや広告、浴室の床・浴槽の底、スリッパやつっかけ。

◆**バランスを崩す**　階段、踏み台、ものをまたぐ、ズボン・靴下・着替えの片足立ち、ペットにまとわりつかれる・引っ張られる。

※段差解消や床材の変更、手すり設置などは介護保険を利用できます。電球交換など高いところの作業は家族に声をかけるように話し、急ぐときは市町村の生活支援サービスや有償ボランティアを活用。いずれも問い合わせは包括へ。

脱！介護離職のツボ㉟

「寝たきり原因となる家庭内事故を予防」

●一人で出かけない、動かない、閉じこもりがちなときは？

親御さんは1週間に1回以上外出していますか？　これが閉じこもりの目安。閉じこもりには老人性うつや認知症、低栄養、運動機能低下など様々な原因が隠れ、要介護への危険信号。趣味や食事、買いものなどに意識して誘い、外出の機会をつくりましょう。

閉じこもりから「機能低下↓要介護↓機能低下↓重介護」の悪循環に陥らないためにも、気になったら早めに包括へ相談を。要介護でなくても、基本チェック（72頁）だけで利用できる通所型のサービスがあります。本人が行きたがらないときは保健師や看護師が来訪する予防事業を利用するのも手です。ただし最愛の人や大事なペットを亡くした直後なら、無理に誘い出すのは逆効果。できるだけ話を聞く時間をつくり、さり気ない見守りを。

「閉じこもりは介護への危険信号。放置しないで対策を」

●薬の飲み間違え、飲み忘れが心配なときは？

「部屋を片付けたら飲み残しの薬の山にびっくり」。私も実家で唖然としたことがあります。思えば種類が多く朝昼晩と指示通りに飲むだけでも大変。飲み間違わないほうが不思議なくらいです。飲み残しの薬を見つけたらどうするか？　何が原因かを確認するのが先決です（次頁参照）。原因が解決しないと繰り返すことになります。

また薬の飲み忘れを防ぐためには、市販の一週間分の仕分けケースやカレンダー型の仕分け袋などを利用するのも手です。薬を飲む時間は、薬の吸収される時間や胃への刺激などに配慮して決められています。食間とは食事中ではなく、食事と食事の間のこと。空腹時とは、一番胃が空っぽな朝食前のことです。こうした服薬管理が一人暮らしで難しいときは、薬剤師が訪問し薬の服用や管理状況を確認する「在宅療養管理指導」が介護保険で利用できます。ケアマネや包括、かかりつけ医に相談を。

【一人暮らしのお薬対策】

1　**薬に疑問や不信がありそう**　勝手に止めると、医師は飲んでいるものと思い、効果が確認できるまで量や種類がますます増えて危険。正直に相談を。

2　**形状が飲みにくい**　勝手にカプセルから出さない、つぶさない。医師や薬剤師に相談し飲みやすい形状に変えてもらう。

3　**種類や数が多すぎる**　薬が整理できないか薬剤師に相談。他科診療時には、お薬手帳を持参し重複や副作用を確認。

4　**古い薬が溜まっている**　有効期間内でも開封すると薬効は保証されない。思い切っていったん処分を。

5　**薬を飲み忘れる**　医師や薬剤師に相談し、多剤多量は1回分ずつ一袋にまとめてもらう。飲み忘れたときはまとめ飲みしない。気づいたところから飲み、医師に報告。

●押し売りやオレオレ詐欺、犯罪に巻き込まれそうで心配なときは？

「実家近くの一人暮らしのお年寄りが軒並み泥棒にやられました。母は二階で寝ていて、下ろしたばかりの年金5万円を盗まれただけで命拾いでした」と娘さん（50代・団体職員）。一人暮らしの高齢者を狙った空き巣や押し込み、詐欺、押し売り、最近は貴金属などの押し買いも増えています。

「テレビショッピングで大量注文して大変でした」、「実家に帰ったら羽毛布団が積まれていてビックリ」、「生協で毎週山ほど注文。全部腐らせていました」…。一人暮らしでは、止める人がいない、さびしさを紛らわすなど、認知症でなくても不用品を買い込むことがよくあります。消費者契約法が改正され、契約取消がしやすくなっています。発見したらあきらめずに消費者庁の「消費者ホットライン」（188：イヤヤ！）や最寄りの消費生活相談窓口へ相談を。

買い物は本来、外出の楽しい機会。親子の会話のチャンスです。不用品の購入が増えてきたら「ビタミン愛」不足。「一緒に買い物に行こう」、「何かいるものある？」と声をかける思いやりを忘れずに。「オレオレ詐欺」も離れた子を思う親の心の隙間に入り込むもの。その手口はますます巧妙になっていますが、連絡の密な取り合いがあれば未然に防げます。

また、親が一人暮らしになったら、実家のご近所へは必ず挨拶に行くこと。「一人暮らしでご迷惑をおかけしていませんか?」、「お気づきのことがあれば、私の連絡先は…」と顔の見える関係を心がけ、不在になるときは「1週間ほど留守にしますが、どうぞよろしく」と声をかけ、気の張らない手土産を届ける。それだけでお互い様の関係が深まります。警備会社もいいですが、ご近所の目に勝るものはありません。

犯行グループは表札や玄関まわりに○や×、☑や数字など仲間内にわかる印をつけることがあるので、見慣れない印がないかチェックし消しておきましょう。次のカコミを参考に対策を怠りなく。

【一人暮らしの防犯対策】

1 玄関や裏口には人感センサー付きのライトを設置する。
2 玄関はテレビモニター付きのインターホンにする。
3 ガラス切りで貫通しにくい防犯フィルムを窓に貼る。最低でも鍵まわりに。

4 大きな音の出る防犯ブザーを用意しておく。
5 家にいても、目が届かない窓や裏口には鍵をかける。
6 家に入るときは、そばに人がいないか確かめ、すぐ鍵をかける。
7 宅配便はドアを開けずに差出人を確認し、心当たりがあるときだけ開ける。
8 表札には複数名前を書く。
9 玄関には男物の靴、ベランダや物干しには男物もかけておく。
10 電話は留守電にして、家族以外の声には出ない。

脱！介護離職のツボ㊲

「一人暮らしの親には、こまめな連絡が何よりの防犯」

不安・その8◇認知症介護

「親が認知症になったら不安…」目が離せない？　そばについているしかない？

●どうする？　親に物忘れが増えてきたら？

親の認知症にはなかなか気づかないものです。「ご近所から収集日以外にゴミを出して困ると言われて気づいた」、「母が道に迷い、警察に保護されてわかった」、「実家に帰ったらマヨネーズがいくつも」…。「思えば、前々からちょっと気になることはあったんです」。わかったときは悔やまれ、あわて、「仕事はもう無理？」と悩むものです。

認知症は脳の病気。歳をとるほど発症率は上がり、長寿に伴い発症者が急増しています。高齢になればいつ、誰が認知症になっても不思議のない時代に突入しているのです。

認知症を治す薬は開発途上ですが、進行を穏やかにする薬は現在、保険で4種類使えます。軽度なら介護サービスを活用することで一人暮らしも可能です。ようやく国を挙げて認知症の早期発見、早期治療プロジェクトが始まりました。その窓口が包括。認知症予防教室や必要なら看護師や保健師が訪問し、専門医の紹介や診断につなげる役割を担っています。次のチェックリストを参考に、気になるときは早めに相談することです。

〈リスク回避*check*⑨〉

認知症早期発見チェック。心当たりは？

①□広い駐車場で車をどこに止めたかわからなくなる。

②□昨日何を食べたか思い出せない。

③□食べたこと自体を忘れている。

④□二階にものを取りに上がり、何をしに来たか、
なかなか思い出せない。

⑤□二階にものを取りに上がり、違うことをして平気で戻る。

⑥□数分前のことが覚えられない。

⑦□今が何月かわからない。

⑧□知らないところで道に迷う。

⑨□よく知っているところで道に迷う。

⑩□失くしたものが意外なところから出てくる。

⑪□電子レンジで温めたものを出し忘れる。

⑫□相手の名前が出てこないで、後から思い出す。

⑬□犬や猫などよく知っているものの名前が出てこない。

⑭□財布が小銭でいつもパンパンに膨らむ。

⑮□ＡＴＭにカードを置き忘れてあわてて戻る。

③・⑤・⑥・⑦・⑨・⑩・⑬・⑭は赤信号。☑が多いほど急を要します。

脱！介護離職のツボ㊳

「認知症は早期発見・早期治療」

【認知症相談窓口】

◆**医療・介護機関**　親の、かかりつけ医・担当包括・地域の精神保健センター・保健所・保健福祉センター・病院の物忘れ外来・神経内科・老人科・ケアマネ・市町村の高齢医療担当・地域医師会

◆**電話相談**　認知症の人と家族の会（0120・294・456）・認知症110番（0120・654・874）・認知症コールセンター（各県、政令指定都市）

◆**ネット検索**　イーローゴネット www.e-65.net（認知症を知るホームページ）

●親が認知症になったら、仕事は辞めないと無理？

認知症と聞くと即、「治らない」、「徘徊で目がはなせなくなる」、「もう仕事は無理」と

思っていませんか。それは大きな誤解です。

ひとくちに「認知症」と言っても、脳の神経細胞が壊れて萎縮する「アルツハイマー病」、「レビー小体病」、「前頭側頭型」、血管性の「脳梗塞」や「脳出血」、「動脈硬化」、また甲状腺や正常圧水頭症など、原因は様々。発症原因により症状や治療法は異なり、中には治るケースもあります。

認知症の症状には、誰にでも起こる記憶障害などの「中核症状」、性格や環境、人間関係などが複雑に絡み合って起こる徘徊や幻覚、暴力などの「周辺症状」があり、後者は改善が可能です。また重度になってもできること（残存能力）があります。感情（心）も最後まで残ります。「認知症＝何もできない・何もわからない人」は大きな間違いなのです。

もし家族に認知症が疑われたら、脳の画像診断など専門医の受診を手配しましょう（133頁参照）。結果が認知症と診断されても、仕事を辞める必要はありません。むしろ仕事は続けながらプロの手を借り、親御さんが住み慣れた場所で少しでも長く生活できるようバックアップ。それが病状を進行させないためにも、あなたにとってもハッピーです。

なぜなら認知症介護は、肉親なればこそ、つらく情けないことが多いもの。「あんなにしっかりした母が、父が…」、病気とわかっていても「つい怒鳴ってしまう」。言葉が理解できなくても感情は伝わり、本人はますます不安になり症状が悪化。介護者はイライラ。仕事を辞めて直接介護した多くの人が、こうした悪循環の袋小路に追い込まれていました。

〈リスク回避*check*⑩〉

認知症の常識、ホント？　ウソ？

次の10の文が正しいと思ったら○、間違いと思ったら×を。

①ボケや痴呆の正式な病名は「認知症」である。	○	×
②認知症は重度化すると徘徊や幻覚などの症状が出る。	○	×
③認知症で一番多い原因はアルツハイマー病。	○	×
④新しい記憶の一部が抜け落ちるのは健忘症、体験全体を忘れるのは認知症。	○	×
⑤認知症は加齢とともに増えてくる。	○	×
⑥認知症は治らない。	○	×
⑦認知症の人には、できるだけ一人で声をかける。	○	×
⑧認知症では目的もなく歩くことがある。	○	×
⑨65歳未満で発症した認知症を若年性認知症という。	○	×
⑩認知症の場合、65歳未満では介護保険は使えない。	○	×

回答：○は③④⑤⑦⑨。×は①（認知症は病名ではなく「症状」。原因となる病気は別にある）、②（起こるとは限らない）、⑥（原因によっては治る）、⑧（本人には目的がある）、⑩（使える。64、65頁）。

「認知症は隠さない。無知と偏見が一番の敵」

●認知症の診断や治療はどこへ？ 親が嫌がったら？

認知症の早期発見には専門医の診断が欠かせません。でも「どこへ行ったらいいか？」、「嫌がる親をどうやって連れて行ったら？」。よく受ける質問です。もしも親にかかりつけ医がいるなら、家族が相談に行き、できるだけ何度も足を運ばずに検査や診断ができる専門医を紹介してもらうことです。

本人が受診を拒むときは、医師から話してもらうとスムーズです。「○歳以上は健診に脳の検査もプラスされる」と話して受診に成功した人もいました。検査の結果、認知症ではなく他の病気や薬の副作用、栄養失調など、治る原因が判明する人が10人に1人いると言われます。診断さえつけば処方箋は近くの開業医でもらうほうが便利です。かかりつけ医がいないときは包括などの相談窓口へ（130頁）。この機会に近くで認知症治療に明るい開業医を探しておくと安心です。また診断結果は早めにきょうだいや親戚に伝えておくこと。後々のトラブルや誤解を避けられます。

【認知症診断の流れと上手に受けるコツ】

認知症診断の流れは、①一般的な診察（血圧測定など）、②問診を中心とした認知症検査、③一般的検査（血液、尿など）、④画像検査（ＣＴやＭＲＩ、ＳＰＥＣＴ、ＰＥＴなど）。

一般的な診察や検査で、認知症と疑われやすい病気の有無を確認し、専門検査で認知症の有無や原因を特定していきます。初めての受診機関で、短時間に正確な診断を受けるには、次のようなメモを持参しましょう。

◆経過　物忘れがいつごろから始まったか。突然か。気づいたのは本人か家族か。進行しているか、いないか。

◆現在の様子　毎日の生活に支障はないか（トイレ・失禁・買い物・支払い・外出・お金の管理など）。見守りが必要か。気持ちの落ち込みがあるか。

◆既往症　頭に怪我をしたことはあるか。手術、持病（高血圧・心臓病・糖尿病・高脂血症など）。家族歴（親に認知症があるかなど）。

※お薬手帳と聞きたいことのメモも忘れずに。

●認知症の親にどう接したらいい？

認知症といっても、原因によって対処法は異なります。たとえば一番多いアルツハイマー病には大きく三つのステージがあります。

1　**軽度**　記憶や判断力など認知機能だけに低下がみられる。日常生活でできることは多く、判断力がしっかりしていることもある。

2　**中程度**　認知機能障害に加え、トイレや入浴など行動障害がみられる。

3　**重度**　感情表現が乏しくなりまわりに無関心。歩行や嚥下障害がみられることもある。

軽度から中程度のうちは、当人が望む生活ができるように介護サービスをマネジメントして見守れば、一人暮らしも可能です。必要に応じて施設入所などの目配りをしていきます。本人には判断力があるうちに医師からきちんと説明してもらい、治療や介護の希望を聞いておくと、意思決定が必要になったとき家族として救われることが多いものです。

レビー小体病では、「パーキンソン病に似た症状」や「幻覚」が特徴です。幻覚は「泥棒が今そこから3人入ってきた」などリアルに表現します。そうしたときは頭から否定しないで、「どこにいるの？」とその場に行って確認し、「もういないね。大丈夫」ときちんと対応すると安心します。音や光の影などが幻覚を誘発することもあります。

前頭側頭型認知症はピック病が有名ですが、高度な判断や理性を司る前頭葉や記憶の中枢の側頭葉が委縮するので、人が変わったように自分勝手になる「人格障害」や「固執症状」、万引きなど「社会的行動障害」、一定の行動を同じパターンで繰り返す「常同行動」などが特徴です。アルツハイマー病と違い道に迷うことは少ないので、日課の散歩などは安全なら無理に阻止しないほうが安定します。

同じように思われがちな認知症も、病気によって対応や治療法は異なります。ケアは認知症専門研修を受けたスタッフと相談しながら進めると楽になります。そのために認知症とわかったら「隠さない」、「一人で抱えない」ことです。日々の具体的対応の原則は138頁～を参考に。

脱！介護離職のツボ㊵

「認知症は原因によって対処法が異なる。プロの知識を借りる」

●認知症とわかっていても腹が立つ、うまく対応できないときは？

病気とわかっていても、家族だからこそ腹が立つ、声を荒げることがあるもの。認知症の人と接するとき、覚えておくと楽になる大原則が次の五つです。

1　「鏡の法則」　言葉は理解できなくなっても、相手の感情は鏡のように反映。介護者が怒ると相手も怒り、不安になると不安になり、穏やかに接すれば穏やかになります。介護者が心穏やかでいるためにも、仕事は続け、適度な気分転換を心がけて。

2　プライドは心の杖　プライドが踏みにじられると、本人を支えていた最後の心の杖がくじけてしまいます。つい怒鳴ってしまう、つい子ども扱いしてしまう。その気持ちはわかりますが、あくまで年長者への尊敬を忘れない対応を。

3　歌う門には福来る　認知症介護では抑えられない怒りに襲われることがあります。そんな時は怒鳴る代わりに歌を歌いましょう。何でもいいのです。歌っている間は怒鳴れません。ある介護者が話してくれました。「腹が立って、昔母と歌った童謡を大声で歌っていたら、母が急に歌い出したんです。やさしい表情で。私、涙が出ました」と。認知症や言語障害があっても歌は歌えることが多いといわれます。介護する人もされる人も「歌う門には福来たる」。

4　役割が自信を与える　認知症でも、最後まで残存能力を活かせる作業が必ずあります。その人の昔ながらの習慣や慣れ親しんだこと、たとえばお米とぎや調理、煮物の見張り、食器洗い、洗濯、衣類をたたむ、雑巾がけ、靴磨き、繕い、庭掃除、植木の剪定《せんてい》、囲碁、将棋…。認知症でも、ハサミを持たすと最後まで上手に散髪していた90代の元理容師の男性もいました。一人でできること、見守っていればできること、一緒にならできることを観察しながら組み合わせると、介護にゆとりが生まれます。

5　安心はなじみの関係から　知らないところでは誰でも不安になります。場所や人、時間の認知機能（見当識）が低下する認知症は、常に不安と隣り合わせ。なじみの家具や置き方が変わっただけで不安やストレスが高まります。自分の居場所がわからなくなることもあります。なじみのものは勝手に捨てないこと。整理するときはできるだけ一緒に。

脱！介護離職のツボ㊶

「認知症ケアはコツがわかると楽になる」

●よくある日常のトラブル、どう対応したらいい？

自分に都合の悪いことは認めようとしない、自分に都合よく作話をするのも認知症の特徴。当人は不安な中で一生懸命自己防衛しようとしているのです。日々接している介護者はイライラが絶えませんが、ちょっとした対応のツボを心得ると随分と楽になります。

◆「お金を取ったと責める」⇩ 本人に見つけさせるのがコツ

自分が大事にしているものが見つからないと、人に疑いをかけるのは認知症の特徴。疑われたほうはたまりませんが、感情的になるとますます収拾がつかなくなります。ここはじっとこらえて、「一緒に探しましょう」と、いつも隠しそうなところ、置き忘れそうな場所を探します。もし見つけたら、本人をさりげなく誘導し、本人に見つけさせるのがコツ。ほかの人が見つけると「やっぱりあの人が取った」と思うのが認知症です。

認知症状の人の疑いや攻撃は一番身近な人に向けられます。一番困らされている人が、実は本人にとって一番大切な人なのです。仕事中、介護を担ってくれる家族には、そう話して、つらさを共有しながら支えましょう。

◆夜になると「帰る」と言う ⇩ 真っ向勝負しないでリセット

夕暮れ時になると「帰らなくちゃ」、「お迎えに行かなくちゃ」と落ち着かなくなる。「ここはお母さんのうちでしょう。行くとこなんかないでしょう!」と怒っても始まりません。当人には「子どもを迎えに」とか「昔住んでいた家へ帰る」と理由があるので余計かたくなになります。それよりテレビをつけて「お天気どうでしょうね」、あるいは「車で送っていきますから」と近所を一回りしてみる。さっさと出て行ってしまったら、すぐ後からついて行き、途中で偶然会ったように「あら、おかえりなさい」と家へ誘導する。

案外すんなり帰ることがあります。真っ向勝負しないで思いつめた気持ちをリセットするきっかけをつくるのがコツです。

◆「ご飯を食べていない」、「ご飯はまだですか」と繰り返し言う ⇩ 否定しないで気分を変える

「今食べたでしょう」、「何回言ったらわかるの」と正面から否定すると、当人は食べた記憶がないので「食べてない！」と意固地になります。「そうでしたかね。お腹が空いていますか？」とやさしく諭しても聞かないときは、「今、支度しましょうね」と台所に立つふりや、「お茶を飲んで待っていてね」と飲み物で代用、「夕食の買い物に行きましょう」と一緒に外出、「あ、雨が降りそう。先に洗濯物を取り込まないと」と別のことを手伝ってもらうなど、食事から気をそらすのがコツ。女性では食事づくりが習い性で落ち着かないことがあります。できる調理を手伝ってもらうなど役割を与えることも大切です。

◆違う人と間違えられる ⇩ 役者になってしばし付き合う

話しているうちに「真顔で母親と間違えられた」、「自分の弟といるつもりになっている」…。間違われたときは、「いやだ、あなたの娘ですよ」、「息子です」と否定しないで、しばしその人になったふりをしながら話を聞いてみましょう。自分が一番輝いていた時代、一番気になっている時代に戻って話していることが多いものです。きっとそのときは表情も生き生き、昔の輝きを取り戻していることでしょう。ときには役者になるのも認知症ケアのコツ。

役者ついでに、結婚、仕事、趣味など昔のことを質問してみましょう。懐かしいことをきっかけに、思い出を語ってもらうのは脳を活性化、精神状態の安定にもつながります。認知症の進行予防やうつ状態の改善に効果があるといわれる「回想療法」の一つです。

◆同じことばかり繰り返し聞く ⇩ 言ってもダメなら書いてみる。文字、数字、絵

「今日は何日ですか」、「今何時ですか」、「お風呂はまだですか」、「トイレはどこですか」…。同じことを何度も聞くのは、とても気になっていることだからです。そのうち忘れるだろうと放っておくと、ますます不安になります。繰り返し答えてもダメなら、「今日は〇月〇日」と書いて貼る、日めくりを見せる、時計の文字盤を見せる。「お風呂は〇時」と書いておく、トイレのドアに「便所」、「トイレマーク」を貼るなど、数字・文字・絵や写真を活用。好きなぬいぐるみや花など立体を目印にするのも効果的です。

◆いろんなものをしまい込む ⇩ 騒がず整理、そっと処分する

「押し入れに汚れた下着が」、「冷蔵庫に通帳が」、「食べ残しをティッシュでくるんで捨てない」、「タンスの中で食べ物が腐っている」。思わぬところで思わぬものを発見したときは、責めたり怒ったりしないこと。本人は身に覚えがないので傷つき混乱します。食べ残しや汚れ物は黙って片付け、大切なものは元あった場所へ戻しておきます。

脱！介護離職のツボ㊷

「役者になる」

●認知症で金銭管理や契約が難しくなったら？

親御さんのお財布がいつも小銭で膨らんでいませんか？　お釣りの計算が不安で小さな買い物にもお札を出している危険サイン。認知症では買い物や公共料金の支払い、振り込みなどお金の不安が出てきます。「気づいたら母の通帳から数百万円がなくなっていてビックリ」と言う人も。金銭管理や判断能力が落ちてくると、悪質商法にだまされる、財産を勝手に使われる危険はもとより、介護サービスも契約なので利用できなくなります。

介護サービス契約は、軽度のうちはケアマネや包括職員に立ち会いを依頼。お金は取り上げてしまうと余計に混乱します。「毎日お財布に千円札を入れ、残った小銭は出して管理」、「古い通帳を渡し安心させている」という介護者もいますが、仕事で日常の対応が難しいときは、市町村の「日常生活自立支援事業」を利用するのも手です。

日常生活自立支援事業とは、市町村の社会福祉協議会が窓口。「生活支援員」という担当者が次の三つの援助をする制度です。①福祉サービスの利用援助、②日常的金銭管理サービス、③書類などの預かりサービス。サービス内容によって1回千数百円の訪問費用や貸金庫利用料などがかかります。利用料は市町村ごとに違い、所得によって補助をしているところもあります。利用には契約ができる程度の判断力が必要です。難しいときは、カコミの「成年後見制度」を利用する方法があります。

【成年後見制度の活用法】

成年後見制度とは、判断能力が衰えた人が財産を横領されるなど不利益をこうむらないよう、本人に代わって判断や契約を行う人（後見人）を付ける制度。財産管理だけでなく身上監護（適切な生活ができるように介護や医療など「身の上」の手続き）も含まれます。本人の判断力がなくなった後に行う「法定後見制度」と判断力低下前に行う「任意後見制度」があります。

◆後見人選定の手順

認知症の親の財産でもめないためには、複数きょうだいがいる場合は任意後見制度の検討を。親に判断力があるうちに後見人を決めてもらい、後見してほしい内容をあらかじめ決め、公証人役場で書類を作成。後見が必要になったら家裁に「後見監督人」の選定申し立てを行い、任意後見制度がスタートします。

◆任意後見制度開始までの注意点

任意後見制度開始まで、日常の契約や財産管理を「任意代理契約」で代行するのがよくあるパターン。この際注意したいのは、監督人がいないので本人が代理人の仕事ぶりを監督しなければなりません。本人の判断力が低下してきたら速やかに申し立てをすること。万一に備え、代理内容を複数で分担、個人より法人に依頼など対策しておくと安心です。

◆相談先

包括、法テラス（日本司法支援センター）０５７０・０７８３７４《オナヤミナシ》、日本社会福祉士会、リーガルサポート（司法書士会）、全国の弁護士会へ。

●若年性認知症と仕事の不安

65歳未満で発症の認知症を「若年性認知症」といい、多くは仕事や経済的な不安が襲います。仕事を辞めると一気に重度化する危険があるので雇用主とよく相談し、できることなら軽度のうちは配置転換などで様子を見ながら、治療計画、介護認定、サービス手配を行い、勤め先の福利厚生、傷病手当や障害者年金の確認と手配を進めます。また、加入生命保険の保障内容確認も忘れずに。保険金の払い込み免除や高度障害の条項がある契約では、認知症でも保険金が受け取れることがあります。

若年性認知症で悩んでいる人が職場にいたら、すぐに包括や次のコールセンターの紹介を。認知症になっても治療やケアで改善し、介護サービスやスマホ、タブレットを記憶補助に活用して一人暮らしをしている人もいます。周りの人は偏見で当人を追いつめず見守りと手助けを。

◆若年性認知症コールセンター　0800・100・2707（ホームページ有）

不安・その9◇施設入所

「介護施設にすぐ入れるか不安…」どうやったら入れる？　いくらかかる？　どう選ぶ？

●介護施設にすぐ入れなかったら、仕事を辞めるしかない？

「母が来週退院。介護施設を探してもらっていますが、すぐには無理と言われお手上げ。私が仕事を辞めるしかないですかね」。せっぱ詰まったご相談をよく受けます。「退院」と言われたときの対応は47頁〜で書きましたが、転院等で時間を稼ぎつつ、よほどの重病、重介護以外は介護施設に直行しなくても手はあります。

ここで大事なのは自分で介護しようと思わないこと。「入れるところならどこでも」と入所をあせり、「あと残り一部屋だけ。早く契約を」というセールストークに乗らないこと。介護保険の認定が間に合わなければ、申請日からすぐ利用できるサービスの手配を包括やケアマネと進めましょう。緊急ショートステイや小多規、看多規、緊急で使えるお泊まりサービスもあります（74頁、表3参照）。こうした介護スタート時の段取りは、有給や介護休暇の活用を。また、働きながらの介護で知っておくとあわてない介護施設は、149頁の表9のようにいろいろあります。概略を知っておくだけで選択肢が広がります。

●「特別養護老人ホーム」（特養）に入るには？

特養は、比較的安価で所得に応じた経済的補助もある介護施設として大人気。「何百人も待っている」と聞き、はなから諦めている人も多いはず。でも申し込んでいれば必要度の高い順に入れる仕組みが全国的に整ってきました。「要介護3以上は1年以内に入所できる」と言う市町村もあります。地方のほうが入所しやすい傾向があるので、郷里の情報も併せてリサーチ。

特養といっても施設ごとに雰囲気、サービスの質は大きく違います。実際の様子を知るには特養のデイサービスを利用してみるのがコツ。私も父が長らく通っていたデイサービス併設の特養に申し込みました。様子がわかっているので入所後もスムーズでした。

入所手続きは、希望施設または申し込みセンターに申込書類を提出。すると介護度や年齢、独居や認知症、介護期間や利用介護サービス、介護者の就労や家庭状況など市町村ごとの基準が点数化され、入所順位が連絡されます。結果が「百何十番」であっても、前候補者が入院や状況変化、経済的理由で思ったより早く入れることも。急ぐときは複数施設へ申し込みも可能です。

ただし特養は日常のお世話中心の施設なので、医療管理や病状不安定だと受け入れられないことがあります。原則、要介護3以上。ただし要介護1以上であれば、「特例入所の

働きながらの介護で知っておきたいベーシック介護施設

認知症高齢者グループホーム	有料老人ホーム	サービス付き高齢者向け住宅	ケアハウス
認知症高齢者の日常生活の世話等のサービス(家庭的な環境の下での介護)	食事の提供、介護、家事援助、健康管理のいずれかを提供する民営施設	バリアフリー構造と見守りサービス(安否確認と生活相談)が付いた民営賃貸住宅(60歳以上)	食事、入浴、緊急対応、生活相談サービスを提供する福祉施設(60歳以上、原則自立)
基準なし	基準なし	基準なし	基準なし
日中:3対1(介護) 夜間:ユニットごとに1人	(介護付き) 3対1 [注3]	(介護付き) 3対1 [注3]	(介護付き) 3対1 [注3]
7.43㎡ (原則個室)	13㎡ (介護居室)	25㎡ (共有施設あれば18㎡可)	21.6㎡ (夫婦31.9㎡)
——	——	——	——

2　介護医療院など医療付き介護施設に転換(29年度末から経過措置6年)。

表9　介護施設アウトライン

		特別養護老人ホーム	介護老人保健施設	介護療養型医療施設
概　要		要介護者のための生活施設（原則要介護3以上）	要介護者にリハビリ等を提供し、在宅復帰を目指す施設	要介護者のための長期療養施設（医学的管理の下における介護、必要な医療を提供）
施設基準	医師	健康管理、療養上の指導のための必要数（非常勤可）	100対1（常勤1名以上）	48対1（3名以上）
	看護	3対1 [注3]	3対1（うち看護職員が2/7程度を標準）	6対1
	介護			6対1
面　積（以上）		10.65㎡	8.0㎡ [注1]	6.4㎡
設置期限		――	――	35年度末 [注2]

［注］1　介護療養型は、大規模改修まで6.4㎡以上で可。
　　　3　看護職員は、利用者30人までは1人、30人を超える場合は、50人ごとに1人。

申込」が可能。近くに介護者がいない、介護サービスが不足、認知症で在宅生活が難しいといったときは、諦めず包括やケアマネに相談を。また入所待ちの間、ショートステイや「小多機」、民間施設などでつなぐ方法も併せて相談を。

脱！介護離職のツボ㊸

「特養は、諦めずに申し込む。待てば海路の日和あり」

●「介護老人保健施設」(老健)に入るには？

リハビリを中心に行う老健に入るには、要介護1以上が条件。介護認定が先決です。あとは直接各老健に申し込みをし、本人、家族との面接、入所判定の流れになります。老健を探すには、入院先の相談室、自宅から入所希望なら包括やケアマネ、かかりつけ医などにいくつか紹介してもらい、電話か直接訪問し入所相談、必要書類を確認します。施設申込書は郵送もしてくれます。診断書や入院看護サマリーなど必要に応じて準備します。

老健は、基本的に短期集中リハビリを行う施設。3か月ごとにリハビリ計画を検証し退所判定が行われます。特養と違い医師は常勤ですが、行える医療部分は細かく規定され、病気や処方薬によっては断られることがあります。ただし、一部老健や「療養型老健」では長期入所が可能なので、リハを集中的に行いたいのか長期入所が希望か、目的に応じた選択がコツ。

脱！介護離職のツボ㊹

「老健は、短期集中リハか中長期入所か狙いを定めて選択」

●「介護療養型医療施設」に入るには？

介護療養型医療施設は、脳卒中や心疾患、がん、認知症など長期療養が必要な慢性期の高齢者向け病院で、胃瘻や人工呼吸、吸引などの医療管理や看取りも可能です。療養環境は、重病患者の多い病室で生活の場ではありません。病院ですが入院には要介護1以上の介護認定が必要です。入院先やかかりつけ医、包括、ケアマネなどに紹介してもらい、申し込みは各病院に直接行います。面接、書類審査、診断、入所判定の流れです。

医師や看護師数は介護保険の施設の中で最多ですが、行った医療への報酬は一定に抑えられ専門的な検査や手術は行えません。病状変化が予測され過少医療の心配があるときは、一般病床を併設する病院を選ぶのがコツ。平成30年3月末で当施設は廃止が決まっていますが、その後6年の経過措置があり、医療付き介護施設「介護医療院」（仮称）などに転換が進められる予定です。

脱！介護離職のツボ㊺

「療養型医療施設は、慢性期の医療処置や看取りの場」

●「サービス付き高齢者向け住宅」（サ高住）に入るには？

サ高住は高齢者を対象とした賃貸住宅。民間の参入を促すため、建設補助などを付けた国の登録制度です。簡単な見守りとバリアフリーだけで登録可能なので、「サービス付き」といっても介護サービスが付いているわけではありません。物件ごとにサービス内容や広さ、設備、費用はまったく違うので要注意。付帯サービスは建物とは別契約です。

探し方は、国が委託しているネット専用サイト「サービス付き高齢者住宅情報提供システム」で全国の登録住宅が比較できます。検索キーワードは「サ高住」。問い合わせ、申し込みは一般の賃貸同様に各連絡先へ直接行います。

食堂やデイサービス併設のサ高住が多く、要介護者の受け入れも増加していますが、外部の介護サービスで暮らせなくなれば住み替えが必要です。賃貸の気軽さで一人暮らしの見守りや生活支援、呼び寄せのお試し、特養待ちの選択肢ですが、介護を期待するときは慎重な見定めが必要です。

脱！介護離職のツボ㊻

「サ高住は、生活支援と見守り中心。介護への過信は禁物」

●「有料老人ホーム」に入るには？

有料老人ホームは高嶺の花と思いがちですが、今は特養の個室タイプと大して変わらない低料金ホームもあって選択肢は増えています。実は私も父の看取り時期に、短期間なら何とかやりくりできると思い、泊まり込みしやすい有料老人ホームを探したことがあります。残念ながら間に合わず病院での看取りとなりましたが、看取りや特養の入所待ち、超高齢での入所なら利用期間は見通せます。働きながらの介護では使い分けがコツ。

最近は問題が多かった一時金も保全措置の義務化や月額払い併用が選択可能に改善され、

「賃貸方式」や「終身賃貸方式」（次頁）もあり、サ高住と区別がつきにくくなっています。サ高住との違いは、長い歴史の中で都道府県への登録、行政の指導監督、利用者保護が強化されたこと。無届ホームは論外ですが、サ高住より厳しい指針があります。有料老人ホームは、次のようにサービス内容で3タイプ、権利形態で4タイプあります。目的に合ったタイプをまず絞り込みましょう。

【有料老人ホームの種類と違い】

◆サービス内容

・健康型　介護が必要になったら退所しなければならないタイプ。

・住宅型　介護が必要なときは自宅同様に外部の介護サービスを頼むタイプ。見守りや緊急通報、食事提供など生活支援が付き、重介護は提携の介護付き施設に移れるホームもある。

・介護付き　介護保険の「特定施設入居者生活介護」（特養並みの介護サービス）があらかじめ付いているホーム。介護が必要なときはホームから24時間の介護を受ける。上乗せ料金で上乗せの介護や医療サービスが付くホームが多い。

◆権利形態の違い

・**利用権方式**　居室や共有施設の「終身利用権」を一時金で得るタイプ。介護や生活支援サービスも一体的に提供される。長生きしても以後の家賃が発生しないのがメリット。最近は月払い併用なども選択可。所有権はなく契約者が死亡すれば自動的に契約解消される。相続、転売はできない。

・**賃貸方式**　高齢者向けバリアフリー居室や介護居室と浴室や食堂など共有施設を「賃借」し、家賃を支払うタイプ。月払いのほか年払い、一部まとめ払いなどがある。賃借権は相続可能。付帯サービスは別契約。

・**終身賃貸方式**　賃貸方式の新タイプ。更新なしで終身住み続けられる。ただし、夫婦以外は賃借権の相続はできない。

・**所有権方式**　厳密には有料老人ホームに当たらないが、高齢者向けの食堂や大浴場などが付いた分譲型シニアマンションのバリアフリー居室を買うタイプ。介護は別契約。転売や相続は可能。ただし、転売できるとは限らない。

脱！介護離職のツボ㊼

「有料老人ホームは、目的と入居時期で使い分けを」

●介護施設に入ったら、いくらかかる?

介護施設に入った場合、月額費用はどのくらいかかるか気になりますね。あくまで大まかな目安ですが、特養は全国平均で多床室8万円強、個室ユニット型13万円以上。老健は7~16万円、介護療養型医療施設は8~20万円程度。介護度や個室代、食費、立地などで変わってきます。最近は民間の有料老人ホームやサ高住と費用が大差ない施設もありますが、民間との大きな違いは、所得に応じて食費や居住費などの補助が受けられること。補助が期待できない本人課税の場合は、民間施設も視野に入れ幅広く比較検討するのがコツ。民間施設の月額利用料は、多くが厚生年金や共済年金内で設定されています。各民間施設の費用内訳や目安は次の通りです。

【民間施設でかかる費用】

◆サ高住　①入居一時金（敷金など家賃の2、3か月分）②家賃　③管理費・共益費　④水光熱費（居室利用分）⑤食費　⑥施設提供サービス費（安否確認、緊急通報、生活相談など）。

月額は大まかな目安で15万円前後~それ以上。プラス利用した介護保険サービスの自己負担分。

◆**有料老人ホーム**　①家賃（一生分を一時金・一部前払いと月払い併用など）②管理費（施設提供サービスの人件費）③水光熱費　④食費　⑤上乗せ介護費（介護スタッフ数の上乗せ人件費）⑥その他費用（通信費、生活支援、介護保険対象外サービス、アクティビティ参加費など）。

月額は、ハード（地価や建物、設備、居室の広さなど）、ソフト（提供サービス内容、スタッフ数）、入居年齢で大きく変わってきます。家賃以外の大まかな月額目安は15～25万円程度。プラス利用した介護保険サービスの自己負担分。

◆**認知症のグループホーム**　①家賃　②食費　③水光熱費　④介護サービス費（自己負担分）⑤入居一時金（家賃の2、3か月分）。

月額費用の大まかな目安は8～25万円程度。所得で家賃補助を行っている自治体もわずかにあります。

※すべての施設に共通して、プラスお小遣いや医療費が必要。都会は家賃や人件費が高い分、地方より高めです。

脱！介護離職のツボ㊽

「民間施設は、厚生年金や共済年金額が一つの目安」

●施設入居のタイミングは、いつがいい？

施設入居のタイミングは、本人の意思がしっかりしている間は、まわりが勝手に決められないので難しいところですが、よくある入所決断は、本人の「不安」です。たとえば、介護度が重くなり本人が自宅での暮らしが難しくなった。食事づくりが面倒になった。自宅でケガや事故にあった。救急車を呼べるか不安になった。災害に遭った。退院後、在宅生活が不安になった。一人暮らしになった。家族が海外赴任など遠くなった。高齢で心細くなった。介護上のきっかけでは、認知症で目が離せなくなった。介護者が倒れた。介護者も高齢で面倒をみる自信がなくなったなど。

私の場合、母は退院後、自宅で夜中に転倒。私が到着まで身動きできなかったことやお風呂で溺れる事件が引き金となり施設申し込み。父はヘルパーやデイサービス、ショートステイを組み合わせながら在宅を続けていましたが、夜間や緊急時の対応が不安になり施設申し込み。いずれも本人から言い出してくれたので助かりましたが、早めに施設に入り食事や救急対応などの安全・安心を優先するか、不安やリスクはあってもギリギリまでマイペースな自宅暮らしを選ぶかは、性格や居住環境、家事能力も大きく関係します。

ちなみに本人が選択することが多い有料老人ホームでは、75歳以上で真剣に探し始め、数年かけて80代で入居がスタンダードパターンです。

〈リスク回避check⑪〉

ギリギリ派、早めの引っ越し派？
あなたの親は次の項目のどちら？

何事も自分で決めるタイプ	○	×
認知症はない	○	×
ご近所付き合いがある	○	×
家事がそんなに苦にならない	○	×
一人で旅行などに出かける	○	×
人見知りする	○	×
気になる持病はない	○	×
配偶者がいる	○	×
家族が近くにいる	○	×
入院経験はない	○	×
マイペース	○	×
住まいの築年数が浅い	○	×
自宅はバリアフリー	○	×
住まいは先行き退去を求められない	○	×
交通の便はいい	○	×
室内外に階段はほとんどない	○	×
近くに山崩れや川の氾濫などの危険個所はない	○	×
雪下しは必要ない	○	×
買い物は近い	○	×
まわりに合わせるのは苦手	○	×

○が多いほど、ギリギリ派。

「施設入所のタイミングは、親のタイプと不安の自覚」

●親も家族も後悔しない施設を選ぶには？

施設選びのキーワードは「納得」。そのポイントは次の「四つのＭ」を明確にすることです。

1　Motivation（動機や目的）　施設入居の一番の目的は何ですか？　「介護」、「看取り」、「見守り」、「食事」、「緊急時の安心」、「治療」、「認知症ケア」、「リハビリ」、「呼び寄せ」など数ある目的に優先順位をつけ、中でも譲れない目的を明確にして施設を絞り込みます。

2　Man（人）　介護施設の住み心地を左右するのは「人」。どんなに豪華で立派な建物もお世話や介護はしてくれません。施設スタッフ数や資格、常勤割合、手薄になる夜間体制は要チェック。施設長のキャリアや人格も雰囲気を左右します。さらに盲点が「入居者」。個室があっても集団生活に変わりはありません。入居者の年齢、介護度、男女比率、認知症割合、地域性も重要。話が合わず孤立、重度者ばかりですぐ退去の例も。

3　Medical service（医療ケア）　入所後、持病の治療や薬、リハビリなど必要な医療の継続も重要です。医師、看護師、医療専門職の数と勤務体制、協力病院の診療科目、送迎の有無と費用の確認。看取りまで希望するなら、経管（胃瘻、鼻腔）吸引、気管切開、在宅酸素、透析、インスリン注射、膀胱カテーテル、人工肛門など関連する医療管理体制や受入確認も忘れずに。

4　**Money（お金）**　予算内で収まるかを検討する際、民間施設で大事なのは目先の金額に騙されないこと。一時金がゼロでも、3年、5年、10年後のトータル費用は？　オプションサービスの費用は？　諸費用の値上げ手順は？　一時金がある場合、3月ルール（3か月以内の退去は日割り計算で一時金を返却）や、償却年月（一時金が一切戻らなくなる年月）、初期償却（償却年月内に退去しても戻らない金額）、保全方法も確認を。

この「四つのM」は必ず見学と体験入居して確認すること。重要事項説明書で再度確認して最終納得を。私も仕事柄たくさんの施設を見てきましたが、施設を見極めるには場数が必要。後悔したくなければ目を肥やすことです。（拙著『終の住まいを選ぶなら』日本評論社、〔二〇一三年〕も是非）。

脱！介護離職のツボ㊿

「施設選びは『四つのM』で納得を

〈リスク回避*check*⑫〉

認知症施設、入居前チェック
(他の介護施設チェックにも活用を)。
認知症の入居施設は、当人が判断できないだけに、事前チェックが重要です。入居後も虐待や事故があっても当人は訴えられません。家族が訪れ見守れることも大切。

次の項目を見学や重要事項説明書で確認すること。

□見学と体験入居はしましたか（おすすめは３泊以上）？

□家族が通いやすい場所か？

□スタッフは認知症ケアの専門研修を受けているか？

□日中、夜間それぞれのスタッフ数と常勤割合は？

□ボランティアが出入りするなど地域に開かれているか？

□家族、外部参加者の運営推進会議が定期に開かれているか？

□入居一時金の返却、保全は？

□退去基準と看取りは？

□緊急時の医療連携は？

□通院時の付き添い介助は誰が行うか？

□これまでの事故や退去原因は？

□入院中の入居費用は？

□保険外自己負担の項目と金額は？

□苦情処理窓口は？

□情報公表制度の結果は？

□外部評価や第三者評価の結果は？

不安・その10◇家族関係

「配偶者や兄弟姉妹が、協力してくれるか不安…」介護をめぐる悩ましき夫婦、きょうだい関係はどうしたら？

●妻が義父母の介護に協力してくれるのか不安なときは？

少子・超高齢時代、介護をめぐる夫婦のバトルはシビアになっています。かつては妻が義父母を介護したのち、忍耐限界の介護離婚。今は妻も高齢の親を抱え実家優先の介護離婚も増加中。それでなくても共働き、働く娘の育児サポートと妻は大忙し。義父母の介護は、「ずっと同居で孫をかわいがってもらった」、「保育園の送り迎えにお世話になった」、「家事をやってもらった」と、いい思い出や恩義がない限り期待薄。

夫側が「暗黙の了解」で介護を強要すると夫婦関係が一気に崩壊の引き金に。親が元気なうちから折に触れ、双方の親の介護対策を意識して話題にしましょう。スタンスはあくまで「自分の親の介護責任は身内がとる」と逃げないこと。押し付け合いからは信頼も協力関係も生まれません。本音で話し合っていますか、妻と？　まずは妻の気持ちや考えをじっくり聞くことから始めましょう。親の介護は、結婚生活ウン十年の思い込みやすれ違い、マイナスに傾いた夫婦関係を、プラスに転じるグッドチャンスです。

〈リスク回避*check*⑬〉

「介護離婚」の兆し、見逃していませんか？

該当する項目に☑を（介護中でない方は現状からの想像で）

□今朝、妻がどんな服装をしていたか思い出せない。

□家事は頼まれない限り手伝わない。

□一緒に出かけることは少ない。

□親の飲み薬（常備薬）やかかりつけ医を知らない。

□妻に話しかけられても、生返事が多い。

□妻と一緒に笑うことが減った。

□子どもを経由して妻に伝言することが多い。

□妻が夜眠れているかわからない。

□親の介護度（体調）を知らない。

□妻が化粧をしなくなった。あるいは化粧が変わった。

□家（リビング）の居心地が何となくよくない。

□結婚記念日や妻の誕生日を忘れている。

□休みの日は自分の都合で出かけてしまう。

□妻が今、何を一番してほしいと思っているか、考えたことがない。

□妻がお金のことをはっきり言うようになった。

・☑が 10 以上＝「危険レベル最強」。風雲急を告げています。介護や家事でやれることはないか早急に聞いて実行を。
・☑が３～９＝「危険レベル強」。いつ「離婚」を言い出されても不思議はありません。妻の思いを聴き、感謝と思いやりを態度と言葉で示しましょう。

脱！介護離職のツボ㉛

「介護は夫婦関係を再構築する絶好のチャンス」

●きょうだい仲が悪いときは？

介護が始まると、私のように一人っ子も大変ですが、きょうだいがいても大変。「兄はお嫁さんの言いなりで何もしない」、「弟は電話をしても出ない」、「弟と妹は知らん顔、結局私が貧乏クジ…」、「あげくの果てに遺産は平等だなんて信じられない！」と不満噴出。結局は誰か一人が担うのがよくあるパターン。まして不仲なら期待はできません。

あなたが主たる介護者の役回りになったなら、仕事は辞めたらNG。きょうだいは「待ってました」と乗っかってきます。まず親と話し合い、各きょうだいにはあくまで親の意向という形で、分担してほしいことを伝えます。「協力できないなら一切文句は言わないこと」、「介護費用の分担が嫌なら諸経費は親の年金や預貯金を使う。長期介護でお金が不足したときは分担すること」など最初に釘を刺し、あなたは介護マネジメントに徹しましょう。

文句を言ってきたら、「じゃあ全部お任せします」と下駄を預けてしまえばいいのです。そして腹が立つときは「きょうだいは、いないもの」と思うことです。うるさい外野がいなければ、あとは親とあなたの合意で進められます。介護はもちろん大変ですが、必ずあとから経験した人にだけ返って来る贈り物があります。それについてはまたエピローグで。

脱！介護離職のツボ㊾

「きょうだいに腹が立ったら、一人っ子と思う」

●親と同居のきょうだいが頼りない。どうしたらいい？

「独身の兄が同居しているが、母が倒れても何もしない」、「妹が実家にいるが、鬱《うつ》気味で…」、「同居の弟は閉じこもりで頼りにならない」など、親の介護でさらなる心配事を抱えるケースが増えています。介護に限らず障害や精神疾患、閉じこもりなどは行政が総合支援をすることになっています。それまで親が抱え表面化しなかった問題が、介護を機に顕在化したのはいい機会です。包括が総合窓口なので介護と併せ隠さず相談しましょう。

そして歯を食いしばっても仕事は辞めないこと。辞めてあなたが抱えても問題が一時的に先送りされるだけ。経済的に追い込まれ、問題はより大きくなって返ってきます。

脱！介護離職のツボ㊸

「一人で抱えて『いい人』をやらない」

●一人っ子のときはどうしたらいい？

「僕は一人っ子で母が田舎に…」、ある企業の執行役員が名刺交換でつぶやきました。「大丈夫、私も一人っ子でしたが情報さえ持っていれば手はあります」と即座に答えた私。ここまでお付き合い下さった読者ならこの意味はおわかりでしょう。加えて最近は会社の支援サービスや働き方の選択肢が広がっています。ある通信会社の女性部長も一人っ子。裁量労働制を駆使して父親の遠距離介護に通っていました。「それは大企業だから。うちの会社はそうはいかない」。その気持ちもわかります。でも制度があっても使いこなせていない人はたくさんいます。知らなければ使えないのです。

逆に私のように有休もない。介護休暇を申し出る組織も後ろ盾もない。断ったら二度と仕事は来ない。そんな一人っ子のフリー稼業でも、知っていれば置かれた状況でできることはたくさんありました。もちろん死にもの狂いでしたが、一人っ子の「自分しかいない」という弱みは、土壇場ではなりふりかまわず「助けて」と言える強みです。まさに「窮鳥懐に入る」。渡る世間は鬼ばかりと言われますが、両親介護を通してどれだけ多くの人に助けられたことでしょう。空振りを恐れず声を上げましょう。うるさい外野が初めからいないのも一人っ子の強みです。

脱！介護離職のツボ㊺

「一人っ子の強みを活かす」

●シングルのときは？

未婚、離婚の増加で、シングルで介護に直面する人も増えています。「配偶者がいないと何かと心細い」、「親が倒れて孤独がつのる」、「身軽だからと介護を押し付けられる」、「ひとり身は気楽だと思われ心外」…。周りが「シングルは気楽でいい」と思うように、逆に妻がいたら、夫がいたら「支えになる」、「手伝ってくれる」と思うのも当然です。それもこれも、しょせんは「隣の芝生は青い」なのですが。いずれにしてもパートナーとなる専門職を見つけるのが最善です。あきらめずに探しましょう。「求めよ、さらば与えられん」。いいケアマネや包括、介護スタッフと出会えれば鬼に金棒。

ただ一つ気がかりがあるとすれば、身の回りを親まかせだったシングル男性の場合。親の介護はサービス利用で何とかなっても、自分の食事や身の回り、休日の病人食や介護食までヘルパーさんには頼めません。多くが介護より家事に振り回され何時間も台所に立ってイライラ、食事が乱れて体を壊した人、ギブアップした人もいました。その点、食事づくりが得意な男性は介護が始まっても食べたいものをつくり晩酌を楽しみ、適当に気分転換しながら仕事も介護も淡々とマイペース。

シングル男性の盲点は家事、特に「食事」と心して日頃から備えておきたいもの。手始めは食事づくりから。そばやうどんメニューから始め、炒めもの、煮物へとレパートリーを広げていきましょう。味付けは、慣れるまで麺つゆでOK。みりんや砂糖で好みの甘みを足せば簡単です。今は動画付きクッキングサイトもたくさんあります。

脱！介護離職のツボ㊺

「男性シングルは料理上手を目指す」

【男性介護者の落とし穴】

・**落とし穴1**　「まさか、俺が…」。心の準備がない。
・**落とし穴2**　料理が不得手、あるいは、できない。
・**落とし穴3**　ご近所付き合いがない。
・**落とし穴4**　情報がない。
・**落とし穴5**　「助けて」と言えない。

●夫がちっとも手伝わないときは？

「介護で私が留守中、夫は何もしないで待っている」、「夫は自分の親なのに手伝わない」。働きながらの介護で多くの妻たちは、介護ばかりか夫の世話にも追われ四苦八苦。介護が無理なら、せめて家事ぐらい…。猫の手も借りたい妻は怒り心頭。私も夫に怒りをぶつけたことがあります。すると夫は「なんだ、言ってくれたらやったのに」と。夫たちは「妻の領分に勝手に手を出してはいけない」と都合よく思い込んでいるよう。そこで私は「夫を家事好きにする法則」を編み出しました。悩める妻は是非お試しを。

◆一声×（かける）の法則　言わなければ夫はわからないもの。面倒でもやってほしいことは繰り返し言うこと。たとえば「食べた食器は洗って」と1日1回言えば、1年で1声×365日＝365回。言わなければ0×365日＝0。継続は力なりです。

◆三猿の法則　頼んだ後は任せて「見ざる」、「言わざる」、「聞かざる」に徹すること。たとえば「油のお皿を一緒にしないで。みんな油になるでしょう」なんて一言いうと、「じゃあ、君がやれば」と夫は渡りに船。頼んだらその場を離れるのがコツ。

◆「あら、ヨイショ」の法則　感謝は言葉で表すこと。今さら「ありがと」なんて言いにくいというときは、頭に「あら」、「まあ」など間投詞をつけると、まあ…「ありがとう」がスムーズに。お試しを。

●どうする妻や夫、配偶者の介護は？

「実は妻が難病で…」、「夫が倒れて障害が残り仕事を辞めるので不安」。講演会では、親だけでなく配偶者介護に不安を抱える人ともお会いします。親と違って配偶者介護は想定外。特に大黒柱の介護には経済的不安が付きまといます。

この不安は、多くの人が「障害年金の目途がついてホッとした」と言います。国民年金や厚生年金に加入中に初診がある病気やケガで障害の状態にあれば、60歳未満でも年金が支給されます。病院の相談室や市町村の障害窓口、社会保険事務所などに早めに相談を。

「初診から1年6か月後に障害の状態にある」など、申請には知らないとあわてる項目があります。家族が作成する病歴状況申立書も必要なので簡単な経過メモをつけておくと役立ちます。また国保以外は休職中、傷病手当が支給されます。組合健保などに確認を。

夫の中には「妻の介護はわが手で」と仕事を辞める人もいますが、「仕事を辞めて妻を介護」は美談ではありません。気はやさしくても気の回らない夫に文句も言えず、我慢して介護を受けている妻。仕事のように几帳面な介護をする夫に、雨の日もリハビリを嫌と言えず陰で泣いている妻もいました。何かを犠牲にした介護は相手に負担や遠慮、我慢を強います。仕事を辞めてそばにいる前に、妻の人権や快適な介護環境を護るのが夫の使命。経済的バックボーンも大切です。仕事で培ったマネジメント能力をフル活用しましょう。

また夫婦介護は一方に負い目が偏ると崩れます。「ごめんね」のバランスが大事。仕事を辞めてべったりより、「仕事が忙しくてごめん」、「私こそごめんなさい」。このグッドバランスが長続きのコツです。

脱！介護離職のツボ㊻

「『仕事を辞めて配偶者介護』は美談にあらず」

エピローグ
最期の贈り物を大切に！

この本を手に取って下さったみなさん、「ありがとうございます」。

親には、家族には最期まで元気でいてほしい！　「介護なんて、できたら考えたくない」と思うのが人情です。でも介護には、事前に知らないとあわて後悔することがたくさんあります。この本では、特に仕事と介護で悩んだとき、知っておくと役立ち、楽になる知恵や知識や情報を、私自身の苦い経験や仕事で培った中から厳選してお届けしてきました。

介護に直面することがあったら、この本を片手に、どうか逃げずに、怖れずに介護と向き合ってください。地球上にはたくさんの動物がいますが、介護をするのは人間だけ。それも経済的にある程度豊かで、何より平和な国に住んでいなければできません。私たちはそうした恵まれた環境に、今生きています。

●初めから頑張らないこと
そして大事なことは、介護が始まったら、最初から頑張り過ぎないこと。前にも書きましたが、介護は初めから寝たきりになることはまずありません。不慣れな素人が介護するよりプロに任せたほうがお互いに快適です。容態や介護度は変わっていきますが、仕事を辞める必要はありません。そのつど、有休や介護休暇などを利用しながらマネジメントに徹し、できるだけ余力を残しておくことです。

私は最初つい頑張り過ぎ、出張先で倒れ入院した経験があります。介護者が倒れると悲惨です。そんな失敗は私だけでもう十分。そしてみなさんには余力を残しつつ、心してほしいことがあります。それは看取りです。こんな偉そうなことを言っている私も、母の看取りでは後悔がありました。

●救急車と延命

晩年、母は要介護5。寝返りも打てない状態でホームに入所していました。土日と仕事の合間を見つけてはホームに通っていましたが、母はよく「最期に管は付けたくないの」と話していました。私も「そうよね」と答えながら、肝心の話し合いをホームとしないまま時が過ぎていました。そんな矢先の朝、ホームから電話がかかってきました。「お母様の様態が急変したのでこれから救急車で病院へ向かいます」と。救急車は命を助けるために呼ぶ車。救急車が向かう病院は「救命救急病院」。そこへは運ばれたら救命処置がとられます（まずい、管を付けられたらどうしよう）。でもホームと事前に話し合っていなかった私は何も言えず、ただ告げられた病院へ一刻も早く駆けつけるしかありませんでした。

病院の処置室へ駆け込んだとき、私の目に入ったのは救急医が手に管を持ち、母の口に入れようとしている姿でした。「すみません、家族の者です」と叫んだ私に医師は手を止め、別室で病状説明をしました。「自発呼吸がむずかしいので今、呼吸器を装着するところです」と。私はパニックになりました（母の願いをどうしよう、どうしたら）。とっさに私は「それをつけたら母はよくなるのでしょうか？」と聞いていました。「命は助かりますが、よくは…」。その言葉に意を決し、「実は…」と母の言葉を必死で伝えました。一家族の言い分など聞き入れられないのが常ですが、たまたま理解ある医師だったのでしょう。母は呼吸器なしで酸素テントとマスク、点滴で入院になったのでした（よかったね、お母さん）。意識のない母が頷いてくれたような気がしました。

でもホッとしたのはつかの間、母はその2日後に亡くなりました。あまりの早さに私は戸惑い（あのとき呼吸器を付けていたら…）、もう少し生きていてほしかったと葛藤したのです。幸い私の決断を責める人はいませんでした。父もわかってくれていました。でも、もしも兄弟姉妹がいたら、きっと、「何で勝手なことをした」と私を責めたことでしょう。ごきょうだいがいるならなおのこと、親御さんの気持ちを是非みなさんで聞き、心積もりしつつ、往診医（56頁）の目星なども心がけてほしいと思います。こんな経験があって、私は父の看取りでは一つの決意をしました。

●命のバトン、サムシンググレート

父も80歳を過ぎてからは介護度も3、4と上がり、入退院が頻繁になっていきました。容態は一進一退。危篤を何とか脱した後、私は思い切って父の傍に付いていることにしました。私には有給休暇も介護休暇もありません。ただ仕事を断るしかありません。それはフリーの身にはつらいことでしたが、母への悔いが背中を押しました。

父からは自筆の「尊厳死の要望書」を預かっていましたが、これをいつ出せばいいかも悩ましいものでした。過少医療になっては困ると思ったのです。詳細は前著『一人でもだいじょうぶ―親の介護から看取りまで』に記しましたが、それから父は何度か危篤を繰り返し、傍に付いていたのは2か月ほどでした。その間は無我夢中、ドラマのような感動的なやりとりなどむろんありません。ただ年忌を重ねるごとに思うことがあります。「ああ、親というものは命をかけて、人生がどう幕を閉じるのかを見せてくれたのだ」と。それは私自身の行く道を照らしてくれるのでした。命のバトンを受け取ったような気がしました。看取りには一期一会、サムシンググレートともいうべき不思議な力があるものです。

●働きながらの介護で大切にしたい看取り

働きながらの介護では、特にこの最期のところは大切にしてほしいのです。旅立つ者の心の支えは、どんな優秀なプロでも家族にはかないません。1か月が無理なら3週間、2

週間、1週間…、休みを取りどうか傍らに。もちろん介護はきれいごとではありません。恨み、つらみ、憎しみ…。仲のいい家族ばかりでもありません。でも言葉で説明するのは難しいのですが、介護を経験した人だけが手にするものが必ずあります。それは土砂降りの雨のあとに出る虹のようなもの。いつか必ず、あなたの力になってくれます。

●組織づくりにつながる「介護」

介護が始まったら、勇気を出して「助けて」と声を上げてください。それはわが身のためだけではありません。仕事と介護がスタンダードとなるこれからは、多くの介護者予備軍たちがあなたの背中を見ています。繰り返しますが、両立の道を模索し、多様な働き方のロールモデルとなることは、組織にとっても必ずや大きな財産となっていきます。介護の「介」という字は、私には「人を両手で支えている」ように見えます。たった一人の手では心細いものですが、一人でも多くが支え手となれば、支えられる人も、支える側も楽になるウインウインの姿となります。これは「働く」の原点、互いに「端を楽」にし（周囲の人を楽にする）、シナジー効果を上げる組織づくりにも通じます。どうか仕事は辞めないでそのパイオニアとなってください。

大切な人からの「最期の贈り物」をしっかりと手にして。

脱！介護離職のツボ㊼

「命のバトンをしっかり受け取る」

最後になりましたが、「介護で悩み、職場を去る人を一人でも減らしたい！」、積年の私の願いが、日本評論社より6冊目の本として実現できたのは、前著からお世話になってきた、活字を愛し情熱溢れる素晴らしい方々のお蔭です。日本評論社元会長 林克行さん、取締役 江波戸茂さん、敏腕編集者の野中文江さん、飛田砂織さん、デザイナーの君嶋真理子さん、「ありがとうございます」。本がつなぐご縁に心から感謝！

二〇一七年、晩夏。季節と時代の変化を予感しながら…

おち とよこ

●著者プロフィール………

おち とよこ

ジャーナリスト、作家、高齢問題研究家。介護や医療・教育・子育て、それにまつわる家族・女性問題を中心に、著作や新聞・雑誌等に執筆するとともに、テレビ・ラジオ、講演等で活躍。横浜市介護保険運営協議会委員をはじめ国や自治体の委員を歴任。自身も両親を16年間介護する。
著作は、『親が65歳を過ぎたら男が読む本』（ベネッセ）、『第3版「介護保険」を上手に使うカンどころ』『入院・介護SOS』（以上、創元社）、『料理図鑑』『生活図鑑』『ただいまお仕事中』（以上、福音館書店）、『シングル介護』（NHK出版）、『一人でもだいじょうぶ 親の介護から看取りまで』『一人でもだいじょうぶ 晴ればれ冬じたく』『私の生き方整理帖』『おちとよこの終の住まいを選ぶなら』『女の本音で言わせて、これぞ男の総仕上げ』（以上、日本評論社）、『年金世代の介護よろずお悩み相談』（主婦の友社）など多数。

一人《ひとり》でもだいじょうぶ
仕事《しごと》を辞《や》めずに介護《かいご》する
2017年9月20日 第1版第1刷発行

著 者…………おち とよこ
発行者…………串崎 浩
発行所…………株式会社 日本評論社
〒170-8474 東京都豊島区南大塚3-12-4
電話 03-3987-8621（販売） 振替 00100-3-16
https://www.nippyo.co.jp/
装 幀…………君嶋真理子
印刷所…………港北出版印刷 株式会社
製本所…………株式会社 難波製本

ISBN 978-4-535-58712-0